Franz Kramm

Über Konrads von Heimesfurt Sprache und Verskunst

Franz Kramm

Über Konrads von Heimesfurt Sprache und Verskunst

ISBN/EAN: 9783743601079

Hergestellt in Europa, USA, Kanada, Australien, Japan

Cover: Foto ©ninafisch / pixelio.de

Weitere Bücher finden Sie auf **www.hansebooks.com**

ÜBER

KONRADS VON HEIMESFURT

SPRACHE (LAUT- UND FORMENLEHRE)

UND

VERSKUNST.

SEINE „HIMMELFAHRT MARIAE" IM VERHÄLTNISS ZU IHRER QUELLE.

VON

FRANZ KRAMM
O. GYMNASIALLEHRER ZU MARKIRCH I. E.

STRASSBURG.
KARL J. TRÜBNER.
1883.

Konrad von Heimesfurt, ein Geistlicher des Bisthums Eichstädt, gehört zu den epischen Dichtern zweiten Ranges der Blütheepoche unserer mittelhochdeutschen Poesie. Von ihm rühmte Rudolf von Ems in seiner Alexandrëis (v. d. Hagen, Minnesinger 4. Th. S. 866):

> von Heimesfurt her Kuonrât
> der wol von gote getihtet hât
> den darf niht riuwen sîn werc.

Hiernach und da Konrad im Eingange zur Urstende (V. 12 f.) klagt, dass überkluge und missgünstige Leute seine Dichtungen getadelt und an ihnen zu verbessern gesucht hätten, so dass er lange Zeit die Freude an der Dichtkunst verloren habe, scheint seine dichterische Thätigkeit ziemlich ausgedehnt gewesen zu sein. Von seinen Werken sind jedoch nur zwei Legenden erhalten: 'Mariae Himmelfahrt' oder 'von unser vrouwen hinvart' (herausgegeben von Pfeiffer in Haupts Zeitschrift VIII, 156—200) und 'Urstende' (handschriftlicher Abdruck in Hahns Gedichten des XII. und XIII. Jahrh. S. 103—128).

Als Verfasser der 'Himmelfahrt' nennt sich Konrad von Heimesfurt selbst (V. 19 f.). Dass er auch die 'Urstende' gedichtet habe, vermuthete zuerst Pfeiffer (a. a. O. 158). Dass er beide Gedichte verfasst habe, wurde lange bezweifelt, — die verschiedenen Meinungen hat K. Bartsch in Pfeiffers Germania VIII, S. 307 ff. in der Besprechung von Gomperts Dissertation (siehe unten) zusammengestellt — bis R. Wülcker in den Initialen der grösseren Abschnitte der Urstende ein Akrostichon entdeckte:

> *'CuNrAt fon HeJmES(f)uRt*
> *HaT diz buCH GiMaChET'*

und damit Pfeiffers Vermuthung zur Gewissheit machte. (S. Germania XV S. 157 f., wo K. Bartsch nachweist, dass das

Akrostichon sich noch weiter fortsetzt.) Die Zeit, in der Konrad von Heimesfurt dichtete, setzt Pfeiffer (a. a. O. S. 158) in die ersten zwei Jahrzehende des XIII. Jahrh. v. d. Hagen (v. d. H. u. Büsching literarischer Grundriss [1812] S. 271) setzt die Abfassung der 'Himmelfahrt' um 1230. Auch O. Schade (altdeutsches Wörterbuch. 2. Aufl. Vorr. LXXXVII) nimmt an, dass Konrad v. H. um 1230 gedichtet habe. Da jedoch die 'Himmelfahrt' wahrscheinlich ein Erstlingswerk des Dichters ist (S. Gompert a. a. O. S. 34) und somit die 'Urstende' viel später als 1230 fallen müsste, so ist die Ansicht Pfeiffers vorzuziehen. K. Bartsch (a. a. O. S. 327) meint, dass er vor dem zweiten Jahrzehend des XIII. Jahrhunderts kaum gedichtet habe.

Näheres über des Dichters Lebensumstände wissen wir nicht. Er selbst nennt sich einen 'armen pfaffen' und sagt, dass er zu 'Heimesfürte' geboren sei (Himm. V. 19 f.). Vielleicht ist ein Conradus de Heinsfurt, welchen Haupt (H. Z. XV, 468) in einer matricula nobilium erwähnt fand, und der hiernach um 1204 lebte, mit unserem Dichter eine Person.

Ueber die beiden Gedichte Konrads v. H. hat zuerst in einer grösseren Untersuchung gehandelt: A. Gompert, de tribus carminibus theotiscis (Hallenser Dissertation 1863). Er liefert darin den Nachweis, dass Konrad von Fussesbrunnen und Konrad von Heimesfurt nicht identisch seien, und dass 'Himmelfahrt' und 'Urstende' von einem Dichter herrührten. Seine Behauptung dagegen, dass Konrad v. Heimesfurt nicht aus dem Dorfe Heimesfurt bei Oettingen an der Wörnitz (Pfeiffer a. a. O. S. 158) stamme, sondern ein Oesterreicher sei, ist von K. Bartsch (Germ. VIII S. 307 f.) als unbegründet dargethan worden. In beiden erwähnten Abhandlungen ist aber weder die Sprache noch die Verskunst Konrads von Heimesfurt eingehender behandelt worden. Daher stellt sich nachfolgende Untersuchung dieses Thema speziell.

Ueber das Verhältniss der 'Urstende' zu ihrer Quelle handelt R. Wülcker 'das Evangelium Nicodemi in der abendländischen Literatur' Paderborn 1872 S. 34—44. Wie die 'Himmelfahrt' sich zu ihrer Quelle verhält, versucht der 3. Theil vorliegender Darstellung zu zeigen.

1. THEIL.
ÜBER DIE SPRACHE KONRADS VON HEIMESFURT.

Auch zur Zeit der grössten unserer mittelalterlichen Kaiser, der Hohenstaufen, zu einer Zeit, wo die Heroen der mittelhochdeutschen Dichtung: Walther von der Vogelweide, Hartmann von Aue, Wolfram von Eschenbach und Gotfried von Strassburg blühten, gab es keine allgemeine, über die Dialekte erhabene, allen Gebildeten geläufige deutsche Sprache. (Vgl. Müllenhoff u. Scherer, Denkmäler deutscher Poesie und Prosa. 2. Ausgabe 1873. Vorr. XVII—XXVIII. Weinhold, mittelhochd. Grammatik. 1877. Einleitung.) Ende des XII. und anfangs des XIII. Jahrhunderts standen sich in Deutschland zwei grosse Sprachkreise gegenüber: der sog. mitteldeutsche, welcher sich direkt aus der fränkischen Hofsprache heraus entwickelt hatte, und der eigentliche streng-mittelhochdeutsche Sprachkreis im südlichen Deutschland.

Doch von dem hohenstaufischen Hofe gefördert, von den grossen Meistern der Dichtkunst gepflegt, erreichte das Mittelhochdeutsche eine grosse Vollkommenheit; in gewissem Sinne näherte es sich einer Gemeinsprache; denn in den literarischen Kreisen sah man die Sprache eines Hartmann von Aue, eines Gotfried von Strassburg als Ideal an, und von der Ostgrenze Oesterreichs bis nach Niedersachsen hin gab es Dichter, die wenigstens annähernd die Sprache der grossen Vorbilder sich anzueignen bestrebt waren.

Nicht blos die Dichter weltlichen Standes beflissen sich der Nachahmung der süddeutschen Meister, auch die Geistlichen konnten sich ihrem Einflusse nicht entziehen. Einer dieser Letzteren ist Konrad von Heimesfurt. Seine Sprache und Verskunst ist streng höfisch. Gebildet hatte er sich an Gotfried von Strassburg und Hartmann von Aue. Unmittelbar mag Konrad von Fussesbrunnen auf ihn eingewirkt haben; mit dessen Kindheit Jesu, stimmen Himmelfahrt Mariae und Urstende in einzelnen Wendungen und Ausdrücken so genau überein, dass direkte Entlehnung stattgefunden haben muss. Auch die Häufung der Reime am Schlusse beider Gedichte ist wohl von Konrad von Fussesbrunnen entlehnt. (S. Bartsch a. a. O.)

Ganz dialektfrei konnte kein mittelhochdeutscher Dichter sein. Von seinem heimathlichen Dialekte wurde jeder mehr oder weniger beeinflusst. Der Verfasser von Himmelfahrt Mariae und Urstende gibt nun ausdrücklich als seinen Geburtsort Heimesfurt an. Diesen Ort hat F. Pfeiffer (a. a. O.) in dem jetzigen Dorfe Heinsfart nachgewiesen, welches ungefähr 4 Kilometer in nordöstlicher Richtung von Oettingen entfernt ist. Somit lag Heimesfurt in dem alten Swalafelde d. h. dem kleinen Gebiete am linken Ufer der Wörnitz, das nördlich von der Rezat begrenzt, von der Altmühl bis oberhalb Eichstädt durchflossen wird. Bis zum XI. Jahrh wurde das Swalafeld politisch zu Schwaben gerechnet, hernach fiel es an Ostfranken und den bairischen Nordgau. Kirchlich gehörte es zu dem Bisthume Eichstädt; denn der Wörnitz entlang lief auch die Grenze zwischen den Bisthümern Eichstädt und Augsburg. (S. Weinhold Alem. Gram. 1863. Einl. S. 6 vgl. auch Pipers Dialektkarte von Deutschland bis um das Jahr 1300, in Ztschrft. für wiss. Geogr. I. Bd. 1880. 4. Heft.)

Ist aber Konrad in diesem Heimesfurt geboren, so dürfen wir als sicher annehmen, dass er zu Eichstädt seine Vorbereitung zum geistlichen Stande erhalten und hernach als Seelsorger in demselben Bisthume gewirkt hat. Zur Annahme, dass er möglicherweise später nach Oesterreich gezogen sei, liegt nicht der geringste Grund vor. Vielmehr erklären sich alle sprachlichen Eigenthümlichkeiten, welche diese Annahme unterstützen könnten, aus der Lage der Heimat Konrads.

Das Swalafeld war nämlich umschlossen vom alemannischen, bairischen und fränkischen Sprachgebiete. (S. Pipers Dialektkarte a. a. O.) Naturgemäss musste jeder dieser Dialekte beim Zusammentreffen mit den andern seine Spuren zurücklassen. Da nun Konrad v. Heimesfurt unter dem Einfluss der Sprache seiner Heimat stehend dichtete, so wird er nothwendig Formen aufweisen, welche als einem der genannten Dialekte (bes. dem alem. oder bair.) angehörig bezeichnet werden müssen.

Wenn aber unter diesen Formen keine einzige sich findet, welche dem betr. Dialekte ausschliesslich eigen ist, jede vielmehr auch in dem benachbarten Dialekte, sei es auch nur in geringem Umfange, nachgewiesen werden kann, so ist die Heimat des Dichters in der Gegend, wo die Dialekte zusammenstossen, sicher.

Dass es sich aber so verhält, zeigt eine eingehende Betrachtung der Sprache Konrads v. Heimesfurt deutlich.

CAPITEL I.

LAUTLEHRE.

§. 1. VOCALE.

In Betreff des Vocalismus genügt es nachzuweisen, wie weit bei Konrad von Heimesfurt die Umlaute durchgedrungen sind, sowie die neuen Längen und Diphthonge, welche durch einfache Dehnung oder durch Ausfall von Consonanten entstunden.

a. Umlaut.

1. Der älteste Umlaut ist der des *a : e (ä)*. In H. und U. ist er fast durchweg angewendet. Einige Beispiele mögen genügen: *krefte : schefte* U. 106, 54. *überbrehte : mehte* 121, 67. *gesten : besten* 128, 16. *hinverte : bekerte* H. 965. *urstende : hende* H. 122. 1014.

Ausserhalb des Reimes: *jeger* H. 1. *gejägedes* H. 1.

lenger 749. *ellender* 955. *elliu* U. 127, 28. *älliu* H. 1089. Doch kommen daneben auch Formen ohne Umlaut vor: *alliu* 954. *handen* 737 u. a.

2. Umlaut des *u : ü*. Dieser Umlaut ist vom Herausgeber der Himm. ganz durchgeführt worden: *stürbe : verdürbe* H. 894. *für : tür* 361. 595. *: kür* 829. Ausserhalb des Reims: *künste* H. 31. *künftic* 232. *küneginne* 237. *künec* 450. *wünneclich* 532. 957. 996. *müge* 204. In der Hs. der Ur. ist der Umlaut gar nicht ausgedrückt. Seine Anwendung ist daher unsicher. Wörtern wie *kunic* U. 125, 7, *kur : fur* 125, 71, und noch mehrmals, *unnutze* 115, 17 und ähnlichen ist der Umlaut unbedenklich zuzuerkennen. Anders verhält es sich mit den Wörtern, in denen auf 'u' *nn, nk, nd, ng* folgt: *wunneclichen* 126, 21. 127, 26. *wunne* 127, 38. *sungen* (conj.) 107, 51. Die Reime geben keinen Aufschluss und sind auch nicht durchaus beweisend: *gelunge : barmunge* 125, 45. *kunne : gunne* 119, 65. *slugen : vertrugen* 105, 54. *funden* (conj.) *: gebunden* 105, 30. *gewunne : runne* 125, 47. *muge : tuge* 103, 7. 115, 8. (S. Weinhold mhd. Gr. S. 48 und 52).

3. Umlaut des *û : iu* kommt im Reime nicht vor, überhaupt nur folgende Fälle: *kriuze* H. 125. U. 103, 56. 112, 2. *kriuzestal* H. 395. *hiufel* 530.

4. Umlaut des *ô : oe*. Dieser Umlaut ist ohne Ausnahme: *hoeret : stoeret* H. 417. *gekroenet : geschoenet* 613. *hoeret : gestoeret* U. 122, 40. 123, 43. Ausserdem *vroelich* H. 446. *erloesen* 687. *schoenheit* 788 u. a. *hoeren* U. 103, 9. 103, 12. 115, 53. *noete* 127, 19.

5. Umlaut des *uo : üe*.

In H. völlig durchgeführt: *trüege : gefüege* H. 536. *füeze : süeze* H. 1039. *grüezen* 335. *müeze* 432. *güete* 872. *süeziste* 921 und sonst.

In der Hs. der Ur. ist dieser Umlaut nicht ausgedrückt. Nur *grúzte : búzte* 120, 11. *iǘffen : rǘffen* 111, 27. *ruge : ungefuge* 106, 82. *gewfet : gerufet* 124, 50. Doch überall ist der Umlaut anzunehmen. (S. Weinhold mhd. Gr. S. 112).

6. Der Umlaut des *â : æ*. *næme : kæme* H. 154. *stæte*

18. *gæhes* 331. *sælde* 337. *gebære* 495. *tæte : stæte* 537. Auch in U. ist dieser Umlaut durchgängig bezeichnet: *gewære : wære* 118, 29. *bedæhte : bræhte* 119, 82. *wære : mære* 115, 59. *stæte : hæte* 117, 64. *quæmen : vernæmen* 118, 46. Ausserhalb des Reimes: *erbærmec unt genædec kumt* 107, 57 und sonst häufig. Also auch die Urstende bestätigt die fast ausnahmlose Durchführung des Umlauts *æ* in der Schrift gebildeter Schreiber (seit XII. Jahrh.), in welcher nach Weinhold (mhd. Gr. S. 58.) einer der Beweise für die mhd. Schriftsprache zu erkennen ist.

7. Umlaut des *ou : öu* (*öi* alem. und *eu*) ist, soweit er überhaupt im Anfang des XIII. Jahrh. durchgedrungen war, auch bei Konrad v. H. vorhanden. Reimbelege sind *beströut : gevröut* H. 681. Ob *dröun : stöun* U. 109, 4 zu lesen, ist fraglich. Die Hs. hat *dr°on : stoun*. *vreuten : streuten* U. 106, 76. *vröuten : ströuten* 104, 21. Die Hs. hat *vriuten : striuten*. Dieses *iu* ist aber (nach Weinhold mhd. Gr. S. 88) fälschlich für *öu* geschrieben. Hiernach sind auch ausserhalb des Reimes in der Urst. anzusetzen *beströut* 104, 27. *vröude* 111, 26. 122, 42, 43, 44, 46, 47, 48. 125, 39. 126, 20. 126, 79. 127, 12. *wir vröuwen uns* 122, 29. In Himm. ausserhalb des Reimes *vröuden* 217. 218. 219. 224. *fröiden* 332. 414. 417. 418. *si vröuten* 336. *vröute* 895. *vröuden* 934. Dagegen ist in *löuber* 356 der Umlaut zu tilgen, da eine Form *löuber* erst dem XIV. Jahrh. angehört (nach Weinhold a. a. O. S. 88).

8. Der Umlaut *o : ö* ist der jüngste von allen. Durch den Reim belegt ist nur 3 Sg. conj. praet. von *mac möhte : töhte* U. 117, 44. Dagegen *mohte : tohte* 119, 7. 125, 66. Ausser dem Reim findet sich noch *mohte* 124, 3. In Himm. ist der Umlaut gesetzt, aber nicht durch den Reim belegt: *möhte* 37. 687. 711. *möhten* 260. Ferner herrscht Schwanken in der Ur. bei andern umlautfähigen Wörtern *sölhiu* (*zeichen*) 104, 37, daneben *solhiu* (*dinc*) 105, 41. *solhe* (*sache*) 118, 69. *götlichen* 120, 48. *gotliche* 120, 35. *götlich* (*kraft*) 124, 11. In Himm. nur *solher* 52. 465 und sonst. Sie setzt aber *körder* 846. *bischöve* 75. *götlich* 475.

Wenn sich U. 116, 79 die Form *frömde* für *fremde*

findet, so ist das *ö* Senkung von *e*, was oberdeutsch auch sonst vorkommt (Weinhold a. a. O. S. 47).

b. Neue Längen und Diphthonge.

1. *â* entstanden durch Dehnung und consonantische Syncope aus *age* in *slâ : epitalamiâ* H. 726 aus *slage*.

aus *abe* in den Formen *hân, hâst* etc. in *vervân : gelân* H. 973 ist ebenfalls conson. Syncope.

2. *ê* aus *ege*. Durch Ausfall des *g* in *gegen* entstand *gên* U. 106, 5. 114, 16. 127, 36. H. 951. 1089.

3. *î* durch Schwund des Wurzelconsonanten und Zusammenziehung, aus '*ibe*' und '*ige*'. *gît : lît* H. 294. *gît (: zît)* 116, 47. 126, 20. *gît (: sît)* U. 122, 38 *lît (: zît)* U. 113, 22. *(: sît)* 113, 70. *(: strît)* 124, 38. *gît (: verspît)* 128, 54. *gelît (: strît)* 108, 71. *(: zît)* 124, 71. *ergît : lît* 128, 45.

4. *ei* entstanden durch Ausfall des Consonanten aus den Silben *age, ede, ege. geseit (: reit)* U. 104, 15. *(: bereit)* 105, 19 : aus *gesaget;* ferner *enseit (: leit* 3. pt.) 114, 61. *: mensheit* 124, 64. *geseit (: leit* adj.) 121, 1. *: bereit* H. 745. *: einekeit* 903. *: wârheit* 1074 und U. 121, 52. aus *sagete* wird *seite : kintheite* 110, 18 (im Verse *seite* H. 646). *seit (saget) (: erleit* 3. pt.) H. 120. Ebenso häufig entsteht *geleit* aus *geleget. geleit : kleit* H. 455. *: bereit* 510. U. 112, 61. *: sælikeit* 545. *: schoenheit* 787. *: gotheit* 835. *: treit* Ur. 109, 30. *: gewonheit* 115, 19. *menscheit* 116, 29. *werdekeit* 122, 29. *: wârheit* 128, 21. *: geseit* 128. 39.

aus *legete* wird *leite : kristenheite* U. 110, 18. aus *tregete* wird *treit : êrenkleit* H. 249.

Seltener ist die Zusammenziehung aus *ede : ei*. Nur in der Urstende finden sich *reist (redest) : seist* 120, 55. *gereist (geredetest) : seist* 109, 40. *gereit (geredet) : geleit* 108, 16. 114, 77. (S. Weinhold mhd. Gr. S. 89 f. Alem. Gr. S. 54. Bair. Gr. S. 80).

5. *ie* aus *i* vor *h* gedehnt, wie es sowohl alem. als bair. schon früh vorkommt, wenn auch im alem. seltener (Weinhold mhd. Gr. S. 96). *nieht : lieht* H. 633. Ur. 106, 23. 110, 23. 123, 59. 127, 31. *gesieht : lieht* H. 656.

6. *uo* aus *u* in *duo* und *nuo*, im Reime: *duo : nuo* H. 1021. Ur. 105, 16. *hastuo : nuo* 104, 87. *nuo : zuo* H. 275. *: darzuo* U. 103, 32. *nuo : tuo* H. 801; ferner in *suon : tuon* U. 112, 53. 125, 17.

Sowohl bair. als alem. findet sich dieses '*uo*'; *duo* und *nuo* ist vorzugsweise bairisch. (S. Weinhold mhd. Gr. S. 109. alem. G. S. 73. bair. Gr. S. 110). Wie aus *sun* sich *suon* entwickelte, zeigt der Reim *sun : tuum* U. 128, 1: zuerst *suun* und dann *suon*. Hierher gehört auch *irretuom : Nikodemum* U. 110, 56. Erwähnt werde noch

7. *uo* für *ô* in *duo* für *dô* (Zeitpartikel); allerdings ausserhalb des Reims.

§ 2. CONSONANTEN.

Auch bei der Betrachtung des Consonantismus genügt es die hauptsächlichsten Fälle anzuführen, wo Schwanken im Gebrauche möglich ist.

1. VERSCHLUSSLAUTE.

A. AUSLAUT.

Ein schon im XII. Jahrh. mehr oder weniger durchgedrungenes Gesetz des mhd. Consonantismus verlangt im Auslaute die *tenuis*, welche im Innlaute wieder zur *media* wird. Bei Konrad v. H. ist dieses Gesetz nicht ohne Ausnahme durchgeführt:

a. Statt *p* im Auslaute steht *b*. *grab : stab* U. 114, 14. *gab : grab* 112, 60; aber *grap : gap* H. 1000. Ausserhalb des Reimes findet sich auslautendes *b* vor Vocalen, vor anlautendem *b* und *s*: *huob ez* U. 105, 47. *dieb unt* 127, 45. *grab im* 124, 77. *grab er* 120, 26. *grab bewarn* 112, 81. *huob sich* 106, 69. In der Himm. nur *huob in* 324. *gab si* 884.

b. Statt *c* im Auslaut *g* vor Vocalen und anlautendem *g*. Ein beweisender Reim ist *magen* (aus *mac* und *in*): *getragen* H. 538. Sonst findet sich: *mag gefromen* H. 25. *truog unt* 557. 608. *enpfieng er* 400. *mag im* 942. *mag ich* U. 119, 13. *mâg* (subst.) *unt* 119, 51. *toug ez* 116, 59. *selig ouge* 116. 28. *steig ich* 125, 56.

Im Auslaut steht *k*. *werk* U. 103, 10 (geschr. Hs. *werch*). H. 842. *brink* 292.

 c. Statt *t* im Auslaut *d* vor Vocal und anl. *m*: *vand man* U. 110, 59. *zwispild erprôz* 126, 1. Doch gehört dieses nur dem Schreiber, nicht dem Dichter an, da erst seit Ende des XIII. Jahrh. man sich Abweichung von der Regel, dass auslautendes *d* zu *t* werden muss, gestattet. (Weinhold mhd. Gr. S. 151).

B. ANLAUT.

Die 'Lautabstufung', wonach anlautende *media* nach vocalischem oder liquidem Wortschluss *media* bleibt, nach anderem Wortauslaut aber *tenuis* wird, ist vielleicht Ursache, dass Ur. 125, 18 *ich pin* steht und dass in der Zusammensetzung *vleischpanc* U. 107, 61 *p* für *b* gesetzt ist.

In Fremdwörtern zeigt sich einiges Schwanken: neben *balmen* H. 242. 567. 735. 748 steht *palmen* H. 535. U. 104, 24. *bredien* H. 75 dagegen *prediget* Ur. 116, 68. 117, 32. Im Uebrigen ist das *p* beibehalten in *povel* H. 659. *porte* U. 112. 13. *puncten* 123. 7 u. a.

C. INNLAUT.

Im Innlaut herrscht die *media* vor; doch auch hier Schwanken bes. zwischen *t* und *d*: *meinde : weinde* H. 199 und *weinte : vereinte* 189. *genande : erkande* 329. *erkanten* U. 105, 71. *solten* H. 338. 637. *solden : holden* 500. *wolten : solten* 981. *wolde : solde* Ur. 104, 11. 110, 46 u. a.

Nach vocalischer Syncope wird oft im Innlaut *b* vor *t* zu *p*: *toupte : erloupte* Ur. 109, 36; aber *betoubet : beroubet* 115, 79. *ampt* 123. 36. 123, 44 aus *ambet*.

Ausserdem ist zu bemerken:

 1. *b* wechselt mit *v* im Innlaute: *aver* für *aber* Ur. 127, 14.

 2. *k* wechselt mit *qu* im Anlaut des Verbum *komen*: vor *a* und *æ* steht *qu*, vor *o* und *u* steht *k*; aber nur in der Urstende. In der Himm. ist überall anlautendes *k* gesetzt.

quam Ur. 117, 6, 17. 126, 30. *quâmen* 113, 73. 121, 60. *quæme* 106, 27. 118, 33. 122, 69. *quæmen* 118, 46. *komen* 104, 8. 107, 45. *kumen* 107, 70 u. s. In H. *kum* 505. *kom* 196. *kam* 319. 398. *kâmen* 366. *kœme* 802 und öfters.

3. *c* geht vor *t* des Praet. und l'artic. Praet. schwacher Verba häufig in *h* über. Belege finden sich jedoch nur in Urst. *bedahten* (f. *bedacten*) : *mahten* 116, 75. *dahten* (für *dacten*) : *mahten* 117, 58. *strahten* (für *stracten*) 121, 75. *schihte* (so ist zu lesen nach Bartsch a. a. O. S. 320) : *gerihte* 112, 6. Dagegen *wacten* : *geracten* 121, 79. *gesmaht* (für *gesmact*) : *maht* 126, 67. Himm. *smecket* : *gestreckel* 515.

2. RESONANTEN.

m und *n* gehen oft ineinander über: *schaden* : *gaden* (für *gadem*) H. 325. *kraden* (f. *kradem*) : *schaden* U. 111, 81. Ebenso reimt *schein* : *hein* (Hs. *heim*) 111, 15. 120, 35. Solcher Wechsel auch im Innlaut vor *f*. *senftes* 117, 70. *senfte* 125, 83. Dagegen *samfte* (adv.) 120, 36. *unsamfte* (adv.) 124, 14. *künftic* H. 232. *kumftic* Ur. 123, 79. *afterkumft* 103, 59. 113, 12. *sigenumft* 103, 60. *kumfte* 104, 20. 125, 3. *teilkumftic* 108, 30. *kumftiger* 111, 35.

In der Vorsilbe *un-* und *um-*. *umbildes* Ur. 106, 85. *umbilde* 110, 55. Dagegen *unpildes* 108, 17.

Wenn nach *m* und *n* ein *p* eingeschoben ist: *verdampnet* für *verdamnet* Ur. 122, 67. *amptfange* 104, 20 (für *antvange*), so ist das wohl nicht dem Dichter gehörend.

Auch die Verdoppelung von *m* in *immer* aus *iemer* Ur. 104, 65. 114, 33. 122, 44. 124, 28 gehört nur der Hs.

r ist ausgefallen in *welt*, wie in Himm. durchweg gesetzt ist 25. 809. 812. 912. 915. 922. 995. 1123. Es ist jedoch nicht durch den Reim zu belegen. Die Urst. hat *werlt* 104, 40, 56. 105, 17, 66. 106, 59. 107, 66.

r ist abgefallen in *mê* für *mêr*. *mê* : *ê* Ur. 109, 28. 114, 17. 123, 22. 126, 46. : *wê* 109, 79. 124, 7. H. 210. : *erstê* 120, 81. : *stê* 128, 26. : *zergê* H. 264.

3. SPIRANTEN.

f. v. ph. pf. j. w. h. s. z.

A. ANLAUT.

f und *v* werden im Anlaut ohne Unterschied gebraucht. *vrouwen* H. 64. *frouwen* 410. *frist* Ur. 103, 37. H. 1101. *fümf* 126, 45. H. 760. *vlîzeclich* 105, 23. *vlôch* 105, 38. *fluhen* H. 967. *froelich* H. 17. und *vroelich* 446. *vân (vâhen)* 726. *vienc* 475. *vrisch* 1016 u. s.

ph und *pf* stehen im Anlaut zunächst in Fremdwörtern, die der Verschiebung unterworfen wurden: *pfaffe* H. 20. *pfelle* 511. *phalnze* 452. *phenninge* U. 113, 15. 114, 74. *phlûme* 125, 62. Auch in Wörtern wie *phlâgen* 104, 33. 106, 45. *phlægen* 113, 17. *phlihte* 107. 13. 26. *phlege* 125, 52. *phat* 125, 53. hat die Urst. durchweg *ph*, während Himm. *pf* vorzieht.

j wechselt mit *g* im Verbum *jehen* nach der Regel: *du gihest;* aber *gejehen.* Doch einmal *ir gehet* (Hs. *gecht*) für *ir jehet* U. 114, 67.

B. INNLAUT.

Auch hier Wechsel zwischen *f* und *v.* *vervâhen* U. 103, 22. *gevangen* 113, 37. *amptfange* 104, 20; aber *antvanc: gesanc* 118, 36. *antvanc* H. 411. *befulhet* 114, 26. *briefe* 123, 11. 128, 9. *bischofe* 108, 60. *bischöfe* H. 75.

Die Urst. zeigt auch im Innlaut *ph* für *f. scharphen* (adj.) 109, 5; in Fremdwörtern: *prophêten* 124, 44 und 125, 13.

Nach der Vorsilbe *ent* wird folgendes *f* (anlautend) zu *pf* oder *ph.* Ersteres durchweg in der Himm. *enpfingen* 991. *enphie* 1063. Urst. *enphieng* 106, 45. *enphlôch* 111, 21. *enphangen* 123, 37.

j wechselt im Innlaut mit *g. scherjen* Himm. 967. *schergen* Ur. 123, 22; im Fremdworte *Babilonje* H. 293 und *Babilonge* 297.

j ist ausgefallen in *müe* Ur. 113, 6. *müe* 114, 66 (Hs. *mû*).

w im Innlaut gehört nicht zur Wurzel des Wortes Es findet sich in Himm. und Urst. noch häufig und zwar ohne den vorhergehenden Vocal zu verlängern — *iw* — *ow*

— öw in: *niwe* Ur. 125, 80. *niwen* 128, 3. *iwer* 122, 70. 125, 6. *iwern* 121, 22; aber *iuren vliz* 117, 85. *triwen* 105, 2. *vröwet* II. 218. *frowe* 148. *vrowe* 262. 444. 497. Der vorhergehende Vocal ist verlängert in *vrouwe : touwe* H. 1115. und sonst häufig. *niuwet* H. 970. Ausgefallen ist *w* in *tiure (: ungehiure)* Ur. 104, 77. Die Regel ist, dass in den Ausgaben die kurzen Vocale vor *w* verlängert werden: *uw* zu *ûw*, *iw* zu *iuw*, *ow* zu *ouw*. Nur wo der Vers eine Verschleifung nötig macht, können die kurzen Formen beibehalten werden. z. B. *nu únser vrôwe verschéiden íst* H. 497. *ir fíwer erlischet oúch níht* U. 116. 16.

h im Inlaut zwischen Vocalen fällt aus in *vervahen* zu *vervân (: lân)* H. 726. Neben *dehein* H. 710. 718. 786 u. s. steht *dekeinen* 370. 547. 1052. In der Urst. nur *dehein* 111, 56. 112, 31. 115, 78. u. s.

C. AUSLAUT.

pf und *f* wechseln nach *m* in Urst. *schimf* 106, 1. *schimpf : gelimpf* 119, 38.

h wird im Auslaut zu *ch*. *geschach : sach* Ur. 103, 55. *sach : brach* H. 171 und sonst häufig.

Der Compositionstheil *-heit* wird mit anstossendem *h* verschmolzen: *menscheit* 124, 65. 127, 56. 127, 75. H. 846. *richeit* U. 114, 54. H. 22. *heimlicheite* H. 829. Bei vorhergehendem *k (c.)* fällt *h* aus. *trâkeit* U. 115, 11. auch in *schalkhaften* zu *schalkaften* 127, 18.

s findet sich vor *t* für *tz*. in *saste* H. 302. 325. Daneben *satzte* H. 75 *(z = tz)*. (Ob *sch* für *s* im Anlaut in 121, 34 *(ir) schult* und *(si) scholn* 115, 38 dem Dichter angehören, ist fraglich).

z im Auslaut wechselt mit *tz*. *ditz* H. 66. *diz* 181 u. s. Ur. blos *ditz* 106, 34 u. s. *antlüze* 117, 19. 120, 19. *antlitze* H. 531.

Zwischen *s* und *z* findet Reimbindung statt *erkôs : lôz* H. 1119.

CAPITEL II.

FORMENLEHRE.

§ 1. CONJUGATION.

A. STARKE VERBA.

Es folgen zunächst die bemerkenswerthen Formen ablautender Verba, nach den einzelnen Ablautsreihen geordnet.

1. Abl.-R. $i\ (\check{e}) - a - \hat{a} - \check{e}$.

Hier ist nur auffallend der häufige Ausfall des *e* der Endung (bes. nach *h*.) der 3. Sg. Praes.

geschiht : niht H. 13. 159. 507. 743. Ur. 104, 48. 113, 8. 116, 20. 116, 66. 118, 7. 120, 83. 124, 32. *: zuversiht* 108, 82.

siht : iht H. 401. *: niht* Ur. 105, 3. 111, 66. 115, 78. 121, 16.

gesieht : lieht H. 656.

giht : niht Ur. 107, 80. 109, 8. 109, 24. 110, 40. 111, 3. 116, 15. 122, 69. *: siht* 122, 51.

Ferner *genist : bist* Urst. 106, 78. *list : ist* 117, 74. Auch in der 2. Pl. Praes. *lest : west* 107, 53. Dagegen die volle Form in 2. Sg. *gesihest : gihest* Urst. 110, 35.

Zusammenziehung der 3. Sg. Praes. findet sich häufig: *gît : lît* H. 294. *gelît : strît* Urst. 108, 71 u. s. (S. oben Vocalismus unter Neue Längen).

2. Abl.-R. $i\ (\check{e}) - a - \hat{a} - o$.

In dieser Ablautsreihe ist nur anzuführen der Wechsel von *o* und *u* in den Formen des V. *komen*.

3. Sg. Praes. *kumet : gefrumet* H. 117. *kumt : gefrumt* Urst. 104, 52. 107, 57.

3. Pl. Conj. *kumen : gefrumen* Urst. 121, 35.

Im Praet. hat H. nur anlautendes *k*: *kam, kâmen, kœme*. Die Urst. nur *qu*: *quam, quâmen, quœme*. Doch hatten auch die Handschriften der Himmelfahrt *qu* (wie V. 969 unter dem Text zeigt.)

Das Partic. Praet. *komen*, nur einmal *kumen : gefrumen* Urst. 107, 69.

Der Inf. *komen : genomen* H. 881. *: vernomen* Urst. 112, 78. 124. 54 *: benomen* 123, 79. *kumen : gefrumen* 108, 72. 109, 56. *: frumen* 116, 4.

3. Abl.-R. *i (ë) — a — u — u.*

Von '*wërden*' stösst die 2. Sg. Praes. des '*e*' der Endung aus: *wirst : enbirst* U. 124, 28; auch die 3. Sg. wofür viele Belege:

wirt : swirt H. 163. *: birt* H. 919. *: geswirt* H. 1114. *: schirt* Urst. 107, 59. *: gebirt* 108, 24. 108, 30. *: enbirt* 116, 69. 118, 70. 118, 12 (conj.). *: wirt* (subst.) 127, 18.

Umlaut im Conj. Praes. kommt vor: 3. Sg. *erstürbe : verdürbe* H. 893. Dagegen in Urst. *gelunge* (3. Sg.) *: barmunge* 125, 45. 1. Sg. Conj. Praet. *gewunne : runne* 125, 46. (S. über diesen Umlaut Weinhold mhd. Gr. S. 313.)

4. Abl.-R. *a — uo — uo — a.*

In der 3. Sg. Praes. findet Umlaut statt:

vert : behert H. 477. Urst. 124, 89. *: beschert* H. 1079. *: ervert* Urst. 121, 45.

Die 3. Sg. Praes. von *tragen* zusammengezogen:

treit : êrenkleit H. 249. *: wîsheit* 557. *: sælikeit* 607. *: seit* Urst. 107, 65. *: geleit* 109, 30. *: leit* H. 737.

Die 2. Pl. Praes. Ind. auf -nt in *begrabent : habent* 501.

Umlaut im Conj. Praet. 3 Sg. *trüege : gefüege* H. 535. Dagegen in der Urst. der Umlaut nicht ausgedrückt: 3 Pl. *slugen : vertrugen* Urst. 105, 54.

Von *swern* lautet das Part. Praet. (*be*) *sworn, besworn : erkorn* Urst. 122, 35.

Bei *varn* schwindet das '*e*' der Endung nach der Regel. Nur einmal Inf. *varen : bewaren* 105, 22 und Part. Praet. *gevaren : dromedaren* 111, 9.

5. Abl.-R. *î — ei (ê) — i — i.*

Zu dieser Reihe ist nur zu bemerken, dass *schrîen* und *spîen* das Part. Praet. schwach bilden: *geschrît : gespît* Urst. 128, 51. *verspît : gît* 128, 83. Daneben von *schrîen* auch ein starkes Partic. *geschriren : wiren* Urst. 115, 39. (Darüber Weinhold alem. Gr. S. 389).

6. Abl.-R. *iu (ie) — ou (ô) — u — o.*

Von '*kiesen*' und '*verliesen*'. 3. Sg. Praet. *kôs : verlôs* Urst. 112, 25 *erkôs : lôz* H. 1119.

2. Pl. Praet. *verlurt : verkurt* Urst. 115, 9.

2. Sg. Conj. Praet. *kür : tür* H. 829.

Part. *verlorn : zorn* Urst. 108, 3. *: geborn* 116, 71. *erkorn
: besworn* 122, 36. *verkorn : geborn* 108, 26. Von *'ziehen'* und
'vliehen'. 3. Sg. Praet. regelm. *zôch : vlôch* Ur. 105. 64. 108, 39.
Was die früher reduplicirenden Verba betrifft, so sind
folgende Formen anzuführen:
Inf.: *hâhen (: sâhen)* Urst. 107, 9. *vâhen (: gâhen)* (Adv.)
Urst. 105, 42. Daneben *vervân : lân* H. 726. Im Praet.
herrscht durchaus verkürzte Form: 1. Sg. *gevie : gie* Urst.
125, 80.
3. Sg. *gevie : hie* H. 301. *: begie* 553.
    enphie : lie H. 1063. Urst. 116, 35. 126, 65.
      : *gie* Urst. 128, 39.
   anvie : gie 122, 27.
Inf. *lâzen (: mâzen)* H. 215. *: unmâzen* Urst. 109, 65.
: vermâzen 107, 7. Dagegen: *lân : hân* H. 434. *: stân* Urst.
105, 74. 118, 45. *: getân* 106, 51. *erlân : getân* H. 385.
1. Sg. Praes. *lâze (: straze)* Ur. 103, 11.
2. „   „   *erlâst : hâst* Urst. 108, 80.
3. „   „   *lât : stât* H. 453. 913. Urst. 125, 2.
        : *hât* H. 575. *: bestât* 715.
3. Pl. „   *lânt : hânt* Urst. 124, 17.
Im Praeteritum: 3. Sg. *liez : hiez* H. 77. 1041. Urst.
111, 19. 125, 20. *: gehiez* 117, 13. Dagegen *lie : hie* (Adv.)
II. 117. 258. 341. *: wie* Urst. 103, 63. 108, 40. *: sie* 105, 33.
120, 5. 120, 26. *: die* 123, 66 (Conj.). *: gie* H. 493. *: zergie*
Urst. 126, 78. *: enphie* (s. oben).
Partic. Praet. *verlân : getân* H. 331. Urst. 127, 36.
lân : âfgetân Urst. 118, 72.

B. SCHWACHE VERBA.

Bei den schwachen Verben handelt es sich nur um die
Bildung des Praeteritums und des Particip. praet. Es er-
geben sich aus den Reimen in Himmelfahrt und Urstende
folgende Formen:
   I. Praeteritum:
     1. Verba, welche der alten 1. Conjugation angehören:
a) 'kurzstämmige'.
     Hier nur von *'legen'*. 3. Sg. Praet. zusammengezogen
zu *leite : kristenheite* H. 73.

b) 'langstämmige' Verba. Diese sind zahlreich vertreten:
'Rückumlaut' bei 2silbigem Praet. haben: *genant* (1. Sg.)
(*: bekant*) Urst. 110, 75.

Sg. 3: *genande : erkande* H. 329. *bekande : lande* Ur. 126, 68. Pl. 3. *zarten : sparten* 112, 21. *sparten (: boumgarten)* 118, 74. *bedahten (: mahten)* 116, 75. *dahten (: enmahten)* 117, 58. *strahten (: mahten)* 121, 75. *wacten (: ûfgeracten)* 121, 79.

Sg. 3: *glaste (: vaste* Adv.*)* 113, 75. *lôste : trôste* 117, 10. *erlôste : trôste* H. 963. *zevuorte : ruorte* 123, 73. Pl. 3. *vuorten : ruorten* (Hdsch. *furten : rurten*) 105, 56. *gevorhten worhten* 117, 26 und Sg. 3 *vorhte : verworhte* 125, 66.

Umlaut trotz des 2silb. Praet: 3. Sg. *wœte : wœte* (Subst.) 126, 70. *grüezte : büezte* (Hdsch. *grúzte : búzte*) 120, 11. *vreuten : streuten* (Hdsch. *striuten : vriuten?*) 104, 20. *steuten : dreuten* 106, 76.

Von nicht umlautenden Verben bilden das Praet. 2silbig: *geblihte : gezihte* (Hdsch. *geblichte : gecichte*) 109, 68. *schihte (: gerihte)* 112, 5. *kêrten* (3. Pl.) *: lêrten* H. 141. (*: mêrten*) 117, 52.

Von den Verben *bringen* und *denken* kommen folgende Formen vor:

Sg. 3. *brâhte (: gâhte)* H. 457.

Pl. 1. *brâhten : gedâhten* U. 119, 26.

3. *brâhten (: nâhten)* 121, 57 (*: versmâhten)* H. 839. Conj. Sg. 3. *brœhte : bedœhte* 119, 82. 124, 80. Partic. *brâht : bedâht* H. 49. Ur. 118, 24. *: überdâht* 108, 44. *: gedâht* 111, 37 (*: versmâht)* 109, 26.

2. Von Verben, die der alten 2. und 3. Conjugation angehören:

swebte : lebte H. 627. *dolten (: wolten)* Urst. 122, 8. *seite (sagete) : kintheite* Urst. 110, 18. *gereist (redetest) : seist (sagest)* 109, 40.

II. Participium Praet.

1. Verba der alten 1. Conjugation:

a) kurzstämmige: Synkope mit Beibehaltung des Umlautes: *gezelt (: welt)* Ur. 114, 72. 116, 59. *geselt (: welt)* 119, 32. *erwelt (: welt)* 119, 48 123, 13. *gewert : gert* 122, 73.

Zusammenziehung: *geleit (:kleit)* H. 455. Im Ganzen 12mal im Reime vorkommend. S. unter Vocalismus 'Neue Längen').
   b) langstämmige:
     Mit Rückumlaut: *erlôst (:trôst)* U. 103, 57. 116, 21. *behuot : guot* 113, 13. *verworht : unervorht* 107, 73. *gesant (:lant)* H. 69. *(:gewant)* 241. 343. *(:vant)* 305. *zersant : hant* 365. *(:lant)* 1099. *gesant (:hant)* Ur. 120, 67. *(:lant)* Ur. 125, 22. 126, 34. *(:bekant)* 127, 78. *genant (:lant)* H. 79. *:erkant* 281. *erkant (:überwant* 3. Pt.) 891. *geschant (:bevant)* Ur. 104, 32. *enspart (:wart)* 112, 13. 127, 32. *(:bewart)* 128, 32. *verspart (:wart)* 113, 38. 119, 74. 126, 38. *gespart (:wart)* 125, 25. *gebrant (:gewant)* 112, 66. *versparten* (Acc. d. P. *(:wîngarten)* H. 831. *uf geracten* (D. Pl. d. P.) *(:wacten)* 121, 79.
     Mit Umlaut bei Synkope: *beströut (:gevröut)* H. 681.
     Die volle Form des Particip: *gesendet (:endet)* Ur. 124, 58. *gestrecket (smecket)* H. 515. *volendet : gelendet* H. 1109. *yemêret : verkêret* H. 47. Ur. 128, 29. *: geêret* 897. *verkêret : gelêret* Ur. 106, 32. *verwêret* 115, 27. *gekêret : êret* 121, 71. *bereitet : geleitet* H. 997. *gebreitet : geleitet* 117, 38. *verteilet (:heilet)* 109, 16. *gekroenet : geschoenet* H. 613. *gehoeret (:stoeret)* 111, 25. *erliuhtet : erviuhtet* 117, 22. *geloubet : beroubet* 104, 25. *geloubet (:geloubet* 2. Pl.) 108, 52. *betoubet : beroubet* 115, 79. *ruochet (:verfluochet)* H. 709. *gewuofet : geruofet* 124, 50. *entnucket (:gezucket)* 114, 41. *erkucket : enzucket* 122, 61. *versûmet : gerûmet* H. 943.
     2. Belege für Verba der alten 2. u. 3. Conjugation sind: *erholt (:dolt)* 124, 14. *versigelet : verrigelet* 119, 70. *gesolget : gevolget* 124, 72. *gelobet : getobet* 119, 22.
     Mit Zusammenziehung: *gereit : geleit* 108, 16. 114, 77. *geseit (:bereit)* H. 745 und daneben *gesaget : klaget* 1055. (Ueber die Zusammenziehung s. oben unter Vocalismus 'Neue Längen', wo auch die Praesensformen *reist* [aus *redest*] und *treit* [*treget*] angeführt sind.)

C. UNREGELMÄSSIGE VERBA.

     Von den nun folgenden unregelmässigen Verben sollen der bequemern Uebersicht wegen alle Formen, welche in Himm. und Urst. im Reime vorkommen, angeführt worden.

1. Verbum Substantivum.

Praes. Ind.

Sg. 1. *bin* im Reime in H. 4mal, in Urst. 3mal.
  2. *bist* (: *ist*) H. 237. 855. 863. U. 107, 44. : *genist* 106, 79. : *krist* 108, 79.
  3. *ist* im Reime 8mal in H., 9mal in Ur.
Pl. 1. *sîn* (: *künegîn*) H. 403.
  2. *sît* (: *zît*) H. 1029.
    birt (: *wirt*) Ur. 119, 51. (Dazu Weinhold mhd. Gr. S. 334.)
  3. *sint* (: *kint*) H. 375. Ur. 103, 24 und noch 8mal im Reime.

Praes. Conj.

Sg. 1. *sî* (: *bî*) H. 27.
  3. *sî* im Reime in H. 3mal, in Ur. 9mal.
    wese : *lese* Ur. 117, 69.
Pl. 2. *sît* (: *lît*) Ur. 113, 69. : *zît* 114, 53. : *gît* 122, 37. : *wît* 128, 48.
  3. *sîn* (: *schîn*) 947.

Im Praet. Die regelmässigen Formen:

2. Sg. *wære* (: *sagrære*) H. 827.
3. „ *was* sehr häufig im Reime. Einmal schreibt die Hdsch. der Ur. *war* : *dar* 123, 75.
3. Pl. *wâren* und
Conj. 2. 3. Sg. *wære* häufig im Reime bes. in Urst.

Infinitiv.

sîn (: *în*) Ur. 105, 50. 124, 34. : *Karîn* 128, 12. : *kindelîn* 107, 87. : *mîn* H. 383. 435. : *trähtîn* 432.
wesen : *genesen* H. 742. Ur. 105, 63.
  : *gelesen* U. 128, 10.

Part. Praet.

gewesen (: *genesen*) Ur. 110, 16. 113, 35.

2. Das Verbum *tuon*.

Praes. Ind.

Sg. 1. *tuo* (: *darzuo*) Ur. 103, 20. : *muo* H. 801.
  3. *tuot* (: *guot*) Ur. 104, 36. 109, 22. 122, 11. 122, 45. H. 87.

Pl. 3. *tuont* (: *verstuont*) H. 84.
  Praes. Conj.
Sg. 3. *getuo* (: *zuo*) H. 873. *tuo* : *darzuo* U 119, 52. 124, 20. : *duo* H. 565.
Pl. 2. *tuot* (: *guot*) Ur. 104, 71. *getuot* (: *muot*) Ur. 115, 15. 119, 57.
  Praeteritum:
Sg. 3. *tete* (: *bete*) H. 875. *getete* : *bete* 387.
Pl. 3. *tâten* (: *bâten*) H. 393. 878. Ur. 122, 3. : *Pilaten* Ur. 108, 84. 112, 73.
  Conj. Praet.
Sg. 3. *tæte* (: *stæte*) H. 537.
  Infinitiv.
tuon (: *suon*) Ur. 125, 16. Ebenso ist zu lesen Ur. 112, 54, wo die Hdschft. hat *tun* : *sun*.
  Partic. Praet.
getân (: *hân*) U. 113, 65. : *ergân* H. 336. 1107. (: *erlân*) H. 385. : *lân* 797. u. s. (S. oben unter *'lâzen'*).
  Imperativ:
2. Pl. *tuot* (: *guot*) U. 113, 3. 122, 83.

3. Das Verbum *gân*.

Praes. Ind.:
Sg. 2. *gâst* (: *hâst*) Ur. 105, 6.
  3. *gât* (: *hât*) H. 352. 736. (: *stât*) 603. *vergât* (: *rât*) H. 9. *begât* (: *hat*) 44. *übergât* (*stât*) 593. Dagegen in der Urstende *gêt* (: *stêt*) 109, 84. 126, 37. : *Nazarêth* 122, 65. *zergêt* (: *stêt*) 122, 44.
Pl. 3. *gânt* (: *gestânt*) H. 934.
  Praes. conj.:
Sg. 3. *gê* (: *stê*) H. 861. *zergê* (: *mê*) H. 263. (: *bestê*) U. 104, 57. *begê* (: *erstê*) U. 114, 34. *ergê* (: *stê*) 118, 16.
  Praeterit.
Sg. 1. *gie* (: *knie*) Ur. 110, 1 (: *gevie*) 125, 81. *begie* (: *lie*) H. 179.
  3. *gie* (: *wie*) 104, 18. 128, 19. (: *enphie*) 118, 38. (: *anvie*) 122. 27. (: *nie*) 127, 81. *ergie* (: *hie*) Ur. 120, 77.

H. 979. *begie* (: *hie*) U 123, 81. *zergie* (: *lie*) 126, 79. *missegie* (: *nie*) H. 1052.

Pl. 3. *gięngen* (: *verhiengen*) 106, 7 und 107, 41 (Conj.).

Infinitiv.

begên (: *stên*) U. 106, 4. *gên* (: *stên*) 109, 73. 125, 42 (: *understên*) 121, 54. *gân* (: *erstân*) 112, 80. (: *lân*) 118, 44. (: *undertân*) H. 694. *ergân* (: *getân*) H. 340. 1108.

Partic. Praet

gegangen : *gevangen* U. 114, 80.

4. Das Verbum *stân*.

Praes. Indic.

Sg. 3. *stât* (: *hât*) H. 270. 1104. U. 123, 32. 124, 77. (: *gât*) H. 603. (: *lât*) H. 454. 913. (: *übergât*) 593. *bestât* (: *lât*) 715. *stât* (: *missetât*) Ur. 109, 1. *gestât* (: *hât*) 109, 6.

stêt (: *gêt*) U. 112, 2. 122, 43. 126, 36.

Pl. 1. *enstân* (: *undertân*) U. 112, 49.

3. *stânt* (: *hânt*) 120, 50. *gestânt* (: *gânt*) H. 933.

Praes. Conj.

Sg. 1. *bestê* (: *zergê*) U. 104, 58.

3. *erstê* (: *begê*) 114, 33. (: *mê*) 120, 81. *stê* (: *ê*) 118, 4. (: *gê*) H. 862 (: *ergê*) U. 118, 16. (: *mê*) 122, 64.

Infinitiv.

stân (: *lân*) U. 105, 75. (: *hân*) H. 228. *gestân* (: *hân*) 108. 77. : *gân*) 112, 79.

stên (: *begên*) U. 106, 5. 109, 72. 125, 43. *understên* (: *gên*) 121, 53.

Praeterit.

Sg. 3. *verstuont* (: *tuont*) H. 84.

Part. Praet.

erstanden (: *landen*) U. 112, 85.

5. Das Verbum *hân*.

Praes. Ind.

Sg. 1. *hân* (: *verlân*) H. 211 (nicht Hilfsverbum) *habe* (: *grabe*) H. 1057 (Hilfsverbum). Die Regel, dass vorwiegend zusammengezogene Formen in der Verwendung als Hilfsverbum vorkommen, ist von Konrad v. H. nicht streng beobachtet.)

Sg. 2. *hâst* (: *gâst*) U. 105, 6. (: *erlâst*) 108, 81, *hâstuo : nuo* U. 105, 1.
    3. *hât* (: *vergât*) H. 10. (: *tât*) 29; ferner im Reime 43. 240. 269. 735. 1103 und noch 10mal. (: *rât*) U. 104, 9 und sonst im Reime noch 9mal.
Pl. 1. *hân* (: *stân*) H. 227. (: *lân*) 433.
    2. *habent* (: *begrabent*) H. 501.
    (Nach Bartsch a. a. O. S. 316 gehört diese Form Konrad v. H. nicht an, wie V. 1056 zeige. Aber die Hdsch. A hat auch *klagent*, wie Pfeiffer unter dem Text angibt.)
Pl. 3. *hânt* (: *stânt*) Ur. 120, 49. (: *lânt*) 124, 16.
Praes. Conj.
Sg. 1. *habe* (: *abe*) U. 103, 13. 110, 28.
    3. *habe* (: *grabe*) U. 121, 25.
Praeterit.
Im Reime kommt nur vor:
Pl. 3. *hêten* (: *prophêten*) U. 124, 44. 125, 12. Eine Form, welche nach Bartsch (a. a. O. S. 318) nur des Reimes wegen gebraucht ist; aber ausser bei bair. Dichtern auch bei md. vorkommt. (S. Weinhold, mhd. Gr. S. 370.)
Praet. conj.
Sg. 3. *hœte : stœte* Ur. 117, 64.
Infinitiv.
haben (: *begraben*) H. 251. Ur. 112, 70. 121, 13.
hân (: *gestân*) U. 108, 76. (: *getân*) 113, 66. (: *wân*) 121, 33.

6. Die Verba praeterito-praesentia.

a) Vom Verbum *wizzen* findet sich im Reime nur
Sg. 2. *weist (: geist)* Ur. 103, 2.
    b) Von 'tugen':
Sg. 3. Praes. Conj. *tuge : muge* U. 103, 8. 115, 8.
Sg. 3. Praet. Ind. *tohte : mohte* H. 95.
Sg. 3. Praet. Conj. *töhte : möhte* (Hdsch. *tôhte : môhte*) U. 117, 44, sonst *tohte : mohte* 119, 7. 125, 60. Der Umlaut ist fraglich, da die Reime nicht beweisend sind (vgl. Weinhold mhd. Gr. S. 398).

c) Von *gunnen* kommen vor:
Sg. 3. Praes. *gan* : *kan* H. 1085.
Imperat. *gunne* : *kunne* U. 119, 65.
Inf. *gunnen* : *brunnen* H. 560.

Der Imper. *gunne* ist aleman. verbürgt (Weinhold mhd. Gr. S. 389 f.).

d) Das Verbum *kunnen* stimmt vocalisch mit dem vorhergehenden überein. Im Reime treten folgende Formen auf:
Ind. Praes. Sg. 1. *kan* (: *an*) U. 103, 47. (: *man*) 104, 53.
        3. *kan* 2mal in H. 6mal in U.
Praes. Conj. Pl. 1. *kunnen* : *gewunnen* U. 115. 32.
   Praet. Sg. 1. *kunde* (: *stunde*) H. 1048.
        3. *kunde* (: *stunde*) Ur. 107, 49.
     Pl. 1. *kunden* (: *funden*) U. 114, 50.
        3. *kunden* (: *funden*) H. 51. U. 113, 34.

e) Von *soln* kommen vor:
Sg. 3. Praes. *sol* : *wol* (Adv.) in H. 7mal in U. 8mal.
Pl. 3. *scholn* : *verstoln* U. 115, 37.
   Praet. Ind.
Sg. 3. *solde* : *wolde* U. 104, 11. 110, 46. : *holde* 120, 1.
   solte (: *wolte*) 123, 19.
Pl. 3. *solden* (: *holden*) H. 499. *solten* (: *wolten*) H. 781. 981. U. 121, 69.
   Praet. Conj.
Pl. 3. *solten* : *wolten* U. 113, 43. 114, 27.

f) Zahlreich sind Formen des Verbum *mugen* im Reime vertreten:
   Praes. Ind.
Sg. 1. *mac* (: *tac*) U. 120, 23.
   magen (= *mag in*) : *getragen* H. 539.
  2. *maht* (: *braht*) U. 124, 40.
  3. *mac* (: *tac*) U. 126, 22.
Pl. 1. *megen* (: *gelegen*) U. 104, 59. 115, 41.
  2. *meget* (: *geleget*) U. 116, 57.
   Praes. Conj.
Sg. 3. *mege* (: *gelege*) H. 871. U. 110, 50.
   muge (: *tuge*) U. 115, 8. 103, 7.

Pl. 1. *megen* (: *geleyen*) U. 122, 77.
    3. *megen* (: *verlegen*) U. 116, 11. (: *legen*) H. 653.
    Praet. Ind.
Sg. 3. *mohte* (: *tohte*) H. 95. *mahte* (: *ahte*) U. 124, 46.
Pl. 3. *mahten* (: *dahten*) U. 117, 58. (: *strahten*) 121, 75.
    Praet. Conj.
Sg. 3. *môhte* (: *tôhte*) 117, 44. *mohte* (: *tohte*) 119, 7. 125.
    67. *mehte* (: *überbrehte*) U. 121, 67. (Hdsch. *mœhte*
    : *überbrœhte*).
    Von den übrigen Verb. praeterito-praes. finden sich im
Reime keine Belege.

7. Das Verbum *wellen*.

Praes. Indic.
Sg. 1. *wil* (: *vil*) H. 381. U. 119, 11. (: *zevil*) U. 103, 44.
    2. *wil* (: *vil*) U. 107, 68.
    3. *wil* (: *zil*) H. 59. 1083. (: *vil*) U. 121, 48.
Pl. 1. *wellen* (: *gesellen*) H. 569.
    2. *welt* (: *gezelt*) U. 114, 71. (: *geselt*) 119, 33. (: *erwelt*
    (Part.) 119, 48. 123, 14.
    Praes. Conj.
Sg. 3. *welle* (: *trûtgeselle*) H. 378. (: *helle*) U. 125, 39.
    Praet. Ind.
Sg. 1. *wolte* (: *wolte* 3 Sg.) H. 1053.
    3. *wolte* (: *solte*) U. 104, 12 :
    wolde (: *solde*) 110, 46. 123, 20.
Pl. 3. *wolten* : *solten* U. 121, 69. H. 781. 981.
    Praet. Conj.
Sg. 3. *wolde* (: *solde*) U. 119, 8. 127, 48.
Pl. 3. *wolten* (: *dolten*) U. 122, 7. (: *solten*) 113, 43. 114, 27.

Nachtrag: Formen mit vollem Flexionsvocal, welche zwar nicht durch den Reim belegt sind, aber unzweifelhaft dem Dichter gehören, sind: *swîgunde* U. 107, 63. *weinunde* 114, 11. *gesegenôt* H. 1087. *hebit* U. 123, 5. Durch die drei ersten erhält der Vers etwas Feierliches:
    U. 107, 63. *ez lidet swîgunde den tôt.*
    U. 114, 11. *dô giengens weinunde dan.*

H. 1087. *des sî gesegenôt sîn name.*
U. 123, 15 ist ein formelhafter Vers:
daz mære hebit sich alsus.

§ 2. DECLINATION.

Auch in der Declination zeigt die Sprache Konrads v. Heimesfurt keine Form, welche nicht im streng mhd. Brauche vorkäme, sondern als specifisch dialektische Eigentümlichkeit sich erwiese. Die Belege sind verhältnissmässig wenig zahlreich, da die meisten der im Reime vorkommenden Formen nicht in den obliquen Casus stehen.

A. STARKE DECLINATION.

a) Masculina.

Hier ist nur zu bemerken:

Im Dat. Sg. findet Apocope des *e* statt in *vinger : ringer* (Adv.) 124, 66 und *git : zît* H. 267. Das *e* der Endung ist erhalten in *rigele* (Acc. Pl.) *(: insigele)* 113, 49. Syncope ist eingetreten im Gen. Sg. *suns : uns*. Unflectirt ist das Subst. *genôz*: Nom. Pl. *genôz : schôz* H. 1127. Gen. Pl. *genôz : verdrôz* 117, 50.

Wechsel der Quantität der Endung findet statt in *trähtin : in* H. 421 und *trähtîn : sîn* H. 431.

Hier fügen wir an das Subst. *man*, von dem folgende Formen vorkommen:
Sg. N. *man* in H. fünfmal in Ur. elfmal im Reime.
D. *man : an* Ur. 104, 7. 105, 48. 112, 51. Daneben *manne : Johanne* H. 127.
Ac. *man : an* H. 1075. In Ur. 121, 19.
Pl. N. *man : an* H. 693. In Ur. sechsmal.
Ac. *man : daran* 117, 63. *: kan* 121, 5.

b) Neutra.

Im Sg. findet nicht nur nach kurzer Wurzel, die mit Liquide schliesst, Unterdrückung des *e* der Endung statt, wie in *her : wer* (Dat.) U. 104, 43, sondern auch nach langer Wurzel: *mezzer* (Dat.) *: bezzer* 103, 15. Endvocal erhält Acc. Pl. *insigele : rigele* 113, 50.

Das N. *tou* bildet Dat. Sg. *touwe : vrouwe* H. 1115.

Im Nom. und Acc. Pl. ist flexionslose Form ausschliesslich angewendet:

dinc : umberinc H. 810. *knie : hie* H. 1089. (Acc. Pl.) *: gie* 110, 9. *: sie* 119, 35. 121, 78. *banier* (Acc.) *: schier* 106, 38. *brûtliet* (Acc.) *: beriet* 975. *jâr : wâr* 181. *ort : wort* 116, 67. *lant : bekant* H. 39. *: gesant* 69. *: zersant* 1099. *kint* (N. Pl.) *: sint* 375. 104, 5. 111, 31. 120, 51. 121, 10. Acc. Pl. *: sint* 107, 37. Auch der Dat. Pl. lautet *kint* (*: sint*) Ur. 111, 47; aber *kinden : bevinden* H. 707. Ohne Flexion ist *kindelîn* (Pl.) *: sîn* 118, 1.

c) Feminina.

Zu bemerken ist hier die häufig vorkommende Apocope des *e* der Endung, bes. bei Wörtern auf -*heit*:

im Gen. Sg. *werdekeit : geleit* Ur. 122, 29. im Dat. Sg. *sælikeit : treit* H. 607. *schoenheit : geleit* 787. *gotheit : geleit* 835. *gewonheit : arbeit* Ur. 103, 39. *gewârheit : bereit* 104, 83. *: geleit* 115, 20. *trâcheit : arbeit* 115, 4. *arbeit : überstreit* H. 590. Volle Formen kommen daneben vor: Dat. Sg. *kristenheite : leite* H. 74. *kintheite : seite* 110, 18.

Apocope ferner in G. Sg. *geschiht : iht* 126, 59. D. Sg. *frist : ist* H. 1101. Ur. 105, 83. *: list* 127, 76. *ungedult : schult* 106, 48. *phliht : niht* 108, 28. *aht : braht* 119, 17 (nach Bartsch a. a. O. S. 329). *andaht : vervaht* 121, 29. Daneben volle Formen G. Sg. *ahte : enmahte* 124, 46. D. Sg. *phlihte : gerihte* 107, 13.

Die Subst. *drô* und *ê* stossen das innlautende *w* aus und bilden contrahirte Formen: Acc. *drô : dô* 110, 82. Dat. *drô : alsô* 113, 22. *: sô* 115, 17. Acc. *ê : ê* (Adv.) H. 271. *: mê* Ur. 109, 29. Dat. *ê : ê* (Adv.) H. 46. 739. *: mê* 717. *: Mogsê* Ur. 121, 39.

Die Feminina nach der alten I. Classe haben umgelautete volle Formen, neben verkürzten nicht umgelauteten: Dat. Sg. *ufvart : wart* 104, 1. 120, 80. *hinvart : wart* H. 63; daneben *hinverte : bekerte* 965.

G. Sg. *kraft : behaft* 107, 24. Dat. Sg. *kraft : hêrschaft* 953 und *krefte* (*: schefte*) 106, 54. Vom Nom. *wât : hât* 239 der D. Sg. *wæte* : *stæte* (Adj.) 1071. Neben D. Sg. *stat* : *bat* 115, 67. 117, 6 steht *stet* : *bet* 122, 26.

Vom Femin. *hant* (nach der alten U. Classe): Dat. Sg. *hant* : *verswant* H. 277. : *heilant* Ur. 105, 47. : *phant* 127, 29; daneben *hende* : *Urstende* H. 121. 1014.

Wechsel der Quantität tritt ein in *künegîn* : *în* 327 und : *sîn* 404; neben *künegin* : *in* 789.

Hier mögen auch angeführt werden die apocopierte Form *ungehôrsam* (Dat.) : *Adam* H. 837; ferner *vinstri* : *winstri* (ebenf. Dat. Sg.) H. 931. Diese Formen gehörten früher der schwachen Decl. an. Der Dat. *ungehôrsam* im Reime ist bes. im bair. vorhanden (Weinhold mhd. Gr. S. 439). Doch kann die Form bei Konrad von H. auch als md. angesehen werden, indem das Possess. Pron. *ir* dabeisteht, welches vorwiegend md. ist, V. 837 lautet: . . den mit *ir ungehôrsam*. Die Dative *vinstri* : *winstri* sind vorwiegend alemannisch (S. Weinhold aleman. Gr. S. 441).

B. SCHWACHE DECLINATION.

Die Wörter, welche zu dieser Declination gehören, sind bei Konrad nur sehr selten vertreten. Die wenigen Formen bieten nichts Bemerkenswerthes dar. Nur das möge erwähnt werden, dass die verkürzte Form angewendet wird in: *herren* : *verren* Ur. 105, 66.

C. DECLINATION DER EIGENNAMEN.

Von deutschen Eigennamen finden sich nur *Kuonrât* (Nom.) : *rât* H. 20 und *Heimesfürte* (Dat.) : *hochgebürte* H. 21.

Die fremden Eigennamen behalten entweder ihre Form bei:
Im Nom. (fast alle vorkommenden).
Im Dat. *Ephesô* : *dô* H. 320. *Paulô* : *vrô* 390.
Im Acc. *Asiam* : *nam* H. 147. *Nicodemum* : *irretuom* Ur. 110, 56.
Im Voc. *Thomâ* : *dâ* H. 388.
Im Abl. *Caiphâ* : *dâ* 111, 55. *Sabâ* : *Arabyâ* 111, 7. *Jeremiâ* : *dâ* 111. 23. *Moysê* : *ê* 121, 39.
oder die fremde Endung wird abgestossen:

N. *Carin* : *sin* 128, 11. *Krist* : *ist* H. 220. 498. 807. 107, 55.

D. *Aramathî* : *sî* 117, 68.

Ein Theil wird flectirt nach Art der deutschen Eigennamen:

Im Dat. *Kriste* : *ewangeliste* H. 71. *Johanne* : *manne* 127. *Michaêle* : *sêle* 484. *Galilê* : *ê* 115, 61.

Acc. *Pilâten* : *tâten* 108, 84. 112, 74.

G. Pl. *Israhêle* : *sêle* 107, 41.

Schliesslich folgen die bemerkenswerthen Formen der Pronomina und Numeralia, welche durch den Reim belegt sind.

a) Pronomina.

Ueber das Pron. der 2. P., insofern es zu *duo* diphthongirt ist (S. unter Vocalismus 'neue Längen').

Ueber die Anlehnung des Pron. der 3. P. an das vorhergehende Wort: *bater* : *vater* Ur. 125, 40 (S. II. Theil Versschluss).

Ferner ist über das geschlechtige Pron. zu bemerken: Es finden sich im Reime:

Vom Masculinum:

Sg. Dat. *im* : *warnim* Ur. 124, 10.

Acc. *in* an das vorhergehende Wort angelehnt und im Ton geschwächt zu *en* in *wiren* : *geschriren* U. 115, 39. *ichenmagen* : *getragen* H. 538.

Pl. Nom. *sie* : *lie* Ur. 105, 32. : *knie* 119, 34. : *die* H. 647. : *ergie* 769.

Dat. *in* häufig vorkommend.

Acc. *sie* : *lie* Ur. 108, 40. : *wie* 115, 43. : *knie* 121, 77.

Vom Femininum:

Sg. Dat *ir* : *mir* H. 437. : *dir* 549. : *wir* 1003.

Acc. *sie* : *hie* H. 503.

Vom Neutrum:

Sg. N. *ez* angelehnt *mirz* : *irz* 107, 51.

Das Demonstrativpronomen ist durch folgende Formen vertreten:

Masc. Pl. N. *die* : *sie* H. 647.

Ac. *die* : *lie* U. 123, 65.

Fem. Sg. Acc. *die : hie* H. 937.
Neutr. Sg. Gen. *des : proselites* U. 111, 43. *: aloes* 112, 67.
: *Johannes* H. 543.
Dat. *deme : beneme* H. 519 (bes. md. nicht selten. Weinhold mhd. Gr. S. 464).

Ausser dem Reime findet sich der Instrument. *diu,* Ur. 126, 46: *von diu kêre wider.*

Als Relativpron. *der : her* 124, 3.

b) Numeralia.

Von 2. Dat. *zwein : enein* H. 136.
Von 3. (nach alem. Regel: Weinhold alem. Gr. S. 306) Nom. Masc. *drî : sî* H. 1095. *: bî* Ur. 121, 3.
Dat. *drin : hin* H. 143. Ur. 119, 2. : *in* Ur. 120, 64.

Durch K. Bartsch ist im VIII. Bd. von Pfeiffers Germania S. 307—330 bereits nachgewiesen worden, dass Konrad v. Heimesfurt kein Oestreicher sei. Als Resultat der vorstehenden Zusammenfassung der Hauptmomente der Sprache Konrads dürfte zu bezeichnen sein: dass deutlich ersichtlich ist, dass diese Sprache sich dem Mittelhochdeutsch der grossen Dichter möglichst annähert. Findet sich dabei aber Manches, was auf den md., Mehreres, was auf den alem., und Vieles, was auf den bair. Dialekt zurückzuführen ist, so beweist dieser Umstand gerade, dass der bairische Dialekt, wie er sich an der Grenze des md. und alem. Sprachgebietes modificirte, die Grundlage der Sprache Konrads von Heimesfurt bildete.

2. THEIL.

VERSKUNST KONRADS V. H.

KAPITEL I.

UBER DEN VERSBAU.

§ 1. ALLGEMEINES.

Urstende und Himmelfahrt sind abgefasst in fortlaufenden Zeilen; je zwei durch den Reim gebunden. Die Urstende besteht aus 2160, die Himmelfahrt aus 1130 Zeilen: abwechselnd von 4 Hebungen mit stumpfem und 3 Hebungen mit klingendem Ausgang. Dazu eine Anzahl Verse von 4 Hebungen und doch klingendem Ausgange: 3 hebig klingend sind in der Urstende ungefähr 270 Verspaare, 4 hebig klingende etwa 20. In der Himmelfahrt sind etwa 120 Reimpaare klingend mit 3 Hebungen und ungefähr 11 Paare 4-hebig mit klingendem Ausgange.

War in der früheren Zeit bei dem Baue des deutschen Verses, dessen Princip 4 Hebungen sind, durchaus keine Regel herrschend in Betreff der Ausfüllung der Senkung zwischen je 2 Hebungen, so macht sich gegen das Ende der althd. Periode und dann noch mehr im 12. und 13. Jahrhundert das Bestreben geltend, die Hebungen in der Mitte des Verses durch Senkungen zu unterbrechen.

Damit hängt zusammen, dass man der ersten Hebung eines Verses eine, zwei, selbst mehrere Vorschlagsilben d. h. den Auftakt gab. Auch Konrad von Heimesfurt bildet die

Mehrzahl seiner Verse so. Das genauere Verhältniss ist etwa folgendermassen: Dreiviertel aller Verse vertheilen sich auf 6 Arten der Bildung: 1. Kein Auftakt und alle Senkungen. 2. Kein Auftakt und Fehlen der Senkung blos zwischen 3. und 4. Hebung. 3. Einsilbiger Auftakt und alle Senkungen. 4. Einsilbiger Auftakt, die 3. Senkung fehlt. 5. Zweisilbiger Auftakt und alle Senkungen. 6. Zweisilbiger Auftakt und Fehlen der 3. Senkung. Die letzten beiden Arten sind natürlich am seltensten. Am zahlreichsten ist die erste Art. Zwischen diesen Hauptarten sind nun alle möglichen Combinationen eingestreut. Abwechselung bieten auch die Verse mit klingendem Ausgang dar. Endlich kann sich Konrad v. H. als gelehrter Geistlicher nicht enthalten, lateinische Verse hier und da anzuführen.

Ich gebe von jeder Art der Verse sowohl aus der Urstende als aus der Himmelfahrt ein Beispiel, indem ich von dem Fehlen des Auftakts und aller Senkungen hinaufsteige zum Verse mit 3silbigem Auftakt und mit allen Senkungen:

1. *h. h. h. h.* (nur einmal in der Urstende) *mîn âmpt hie pflégen.*
2. *h. s. h. h. h.* (Himmelf. kein Beispiel).
Urst. 104, 69 *sprách der árm Júdás.*
3. *h. h. s. h. h.*
Urst. 111, 47 *die nâch der ē sînt.*
Himm. 448 *mîn trôn ist mit dír.*
4. *h. h. h. s. h.*
dér wǽrlîch gefrúmt Urst. 104, 51.
sî kǽmén zehánt Himm. 366.
5. *h. s. h. h. s. h.*
sîne kúnst lâzen séhen Urst. 103, 29.
ébene bérg óder tál Himm. 7.
6. *h. s. h. s. h. h.*
hábe ich ángest dár zúo Urst. 103, 19.
dô die heílegen zwélf bóten Himm. 67.
7. *h. h. s. h. s. h.*
ēr álterseîne vervár Urst. 104, 55.
brink dîsen ímbiz hín Himm. 292.

8. *h s. h. s. h. s. h.*
   mínen wíllen únt mîn kráft Urst. 103, 3.
   dícke ein frǿelich ếnde kúmet Himm. 17.
9. *a. h. h. s. h. s. h.*
   von ménschến geschríben wárt Himm. 63.
   ir teglīcher dáhin vlôch Urst. 105, 64.
10. *a. h. s. h. h. h.*
    der ếngel díe sté slū́gen Urst. 105, 54.
    daz sīe ein teglích mán Himm. 57.
11. *a. h. h. s. h. h.*
    diu búoch ságent úns dáz Himm. 148.
    daz heilígen wīsságen Urst 104, 13.
12. *a. h s. h. h. s. h.*
    kom hérre heilíger geist Urst. 103, 1.
    daz jếnen vīl līhte vergát Himm. 9.
13. *a. h. s. h. s. h. h.*
    ze hélfe wán du wól weist Urst. 103, 2.
    von únser vróuwen hín várt Himm. 64.
14. *a. h. s. h. s. h. s. h.*
    noch sīnnes álsô wīse bīn Urst. 103, 5.
    sîn kríegen máchet tiếres vál Himm. 8.
15. *a. a. h. s. h. h. h.*
    dir gehílfet dés dīn krist Urst. 108, 78.
    er sprach múoter mīn nū vár Himm. 445.
16. *a. a. h. h. s. h. h.*
    daz ist ḗlīcher hīrāt Himm. 923.
    einen ḗrbǽren ántvánc Urst. 118. 36.
17. *a. a. h. h. s. h. s. h.*
    unt ze bíschóve über daz lánt Himm 79.
    sweder érz óder ein ánder ist Urst. 107, 56.
18. *a. a. h. s. h. h. s. h.*
    oder līchte níe nīht getéte Himm. 387.
    uf den háls in teglīcher slúoc Urst. 106, 8.
19. *a. a. h. s. h. s. h. h.*
    unt deheīner meisterscháft jéhen Urst. 103, 30.
    diz was ein diu snéllestīu várt Himm. 315.

20. *a. a. h. s. h. s. h. s. h.*
    sô der tôt an im sîn rêht begăt Himm. 44.
    wande nū bî dîsen zîten sînt Urst. 103, 24.
21. Dreisilbiger Auftakt:
    daz tæ̀t ich gérne wóltest dú an in Himm. 697.
    ich hân den júden dén gewált gegében Urst. 113, 5.
    Beispiele von Versen mit 3 Hebungen und klingendem Ausgang führe ich nicht an. Dagegen Verse, die 4 Hebungen haben und dazu klingenden Ausgang, sind:
    Himm. 53: *von mísselīchen óder von wāren*
                diú dā gúot ze ságene wāren.
    ferner Himm. 72. 121. 184. 223. 483. 710. 847. 865. 1115. 1130.
    Urst. 104, 85: *sīner kúnfte sī sich vröūten*
               im ze ērens níder ströūten.
    ferner Urst. 105, 14. 106, 26. 107, 41. 107, 61. 108, 62. 110, 34. 111, 9. 117, 40. 118, 28. 119, 64. 121, 7. 122, 21. 124, 30. 125, 62. 126, 8. 126, 38. 126, 83. 128, 15.
    Lateinische Verse kommen vor:
    Urst. 112, 33: *hic hómo jústús erát*
       „ 123, 16: *cum réx gloríae Krístús.*
       „ 128, 3: *nunc dimíttis sérvum túum.*
    Himm. 234: *ástitít regíná.*
       „ 235: *a déxtrís túís.*
       „ 586: *in exitú Isráhel de Égyptó.*
       „ 1044: *dominus méus déus méús.*
       „ 1060: *dé mónte Síón.*
       „ 1106: *ipse díxít et fácta súnt.*

§ 2. WORTBETONUNG.

Da es ganz unmöglich ist, dass ein Dichter seine Verse so bauen könne, dass alle Wörter ohne Ausnahme genau nach den Regeln der Kunst ihre Stelle im Verse einnehmen und dabei niemals ein Verstoss gegen die natürliche Betonung stattfinde, so hat man schon sehr bald dem Dichter mannigfache Freiheiten gestattet, sowohl in Bezug auf Satzbetonung, als auch auf Betonung des Wortes selbst.

Alle Freiheiten, die sich schon Otfried erlaubt, und welche die mittelhochdeutschen Dichter noch theilweise erweitern, lassen sich auf das Prinzip der schwebenden Betonung, welches Lachmann aufstellte, zurückführen. Soll nämlich eine Silbe erhöht oder erniedrigt werden, so liest man sie mit der nächsten Silbe so, dass es unentschieden bleibt, wohin der Ton eigentlich fällt.

Ich führe die hauptsächlichsten Beispiele aus Konrad an, nach den Regeln Lachmanns geordnet.

1. Auf 1. Hebung.

a) Häufig werden zweisilbige Wörter mit erster langer Silbe für den Auftakt und die 1. Hebung verwendet; auch dreisilbige Wörter, deren erste Silbe lang ist, oder, als Fremdwörter, den Ton haben, werden für Auftakt, 1. Hebung und 1. Senkung gebraucht:

rîchèit unt hóch gebürte Himm. 22. *alsô zergênt mir mîne táge* Himm. 213. *giengèn ze wéhsel únter ìn* H. 413. *welhèr den pálmen trüege* H. 535. *liebèr Johánnes dénne dúo* H. 566. *sprachèn* H. 651. 642. *gloubèn* H. 697. *richtèn* H. 973. *dannòch* H. 986. *Paulùs* H. 568. *iezùo gewésen lánge vrìst* Urst. 103, 37. *reiniù unt liébiu gótes kìnt* Ur. 104, 5. *nachtès mit zoúberlìsten* Ur. 115, 36. *hoerèt* 105, 20. 112, 73. *alsùs* 107, 40. *zwischèn* 108, 58. *sprachèn* 112, 41. 112, 55. 121, 3. 121, 36. *huotèt* 113, 9. *alsô* 115, 19. 119, 75. *swîgèt* 119, 59. *niemàn* 121, 68. *jâmèr* 124, 47. *Jesù* 110, 68. *Kayphàs* 118, 81. *sûmèlich vón der pflíhte* 107, 13. *predìgten án den strázen* 117, 32. *vleischlî`chen sól des geist hìe* 123, 82. *Isràhel hèt ir êre* 110, 61. In der Himm. 290: *Abàcuc wäre gótes hnéht*.

b) Überladung des ersten Fusses in der Weise, dass 4 Silben zu zweisilbigem Auftakt, 1. Hebung und 1. Senkung verwendet werden:

gevreischèn die niúwen niære Urst. 104, 42. *nu hoerèt was dîsiu mære sînt* Ur. 104, 6. *ern schônèt deheíner zît nìht* Ur. 110, 41. *daz meintè daz éz was späte* Ur. 113, 41. *si sâzèn unt swîgen stille* Ur. 119, 61. *mit allèr ir máht si kâmen* Ur. 124, 47. *si sprachèn wir súlen einen ràt* Ur.

122, 10. *uf unsèrn unt üf dîn sélbes scháden* Ur. 123, 85. *belibèn an* 118, 68. *unt hoertèn* 127, 1. *Johannès evángeliste* Himm. 71. *ze Babìljoné da Dániel lĩt* H. 293. *unt werfèn die bãre in ein hór* H. 657. *gedenkè daz ich ernérte dich* H. 690. *wir wizzèn die* 701. *si winktèn einánder toúgenlĩch* 773. *den balmèn erm ũz den héndèn nám* 748. *unt rihtè si üf der sœldèn spor* 753. *si lagèn* 763. *unt burgèn sich* 968. *die sungèn epítalámiá* 974.

c) Derjenige Fall, den Lachmann 'Creticus für Amphibrachys' nennt, d. h. 3 Silben werden gebraucht zu Auftakt, 1. Hebung und 1. Senkung, trotzdem die 3. Silbe am höchsten betont sein müsste. Erhöht werden hier die Vorsilben *ge-* und *de-*:

dir ènmac vón in iht beschéhen H. 482. *des énsol in niemán gestátèn* H. 650. *unt gébôt dõ er vón in schíet* H. 792. *din géwalt ist sô mánicvált* 824. *sô géwaltiger wære* Urst. 121, 24. *dá déhein sêr nách vröidèn swirt* 122, 48. *wær déhein götlich kráft an im* 124, 11. *dem gélich áls er wære* 127, 44.

2. Auf 2. 3. 4. Hebung.

a) Schwebende Betonung auf der 2. und 3. Hebung und bei Fremdwörtern und Eigennamen auf 4. Hebung. Die schwebende Betonung auf 2. und 3. Hebung bei dreisilbigen Wörtern, deren beide ersten Silben lang sind:

diz kleinoedé hãt mir gesánt Himm. 344. *swelh sœligér sich toúfen lãt* H. 716. *vil séltèn êmãlès vernomen* H. 645. *stárclichèn geérét* 897. *die dürftigèn noch hiute sint* 115, 74. *in dem márginè dã bĩ* 103, 17. *Josében únt Nikódēmúm* 110, 57. *geschríben in Jerémiá* 111, 24. *wã vón sît ir prosélités* 118, 60.

b) Erhöhung der 2. Silbe in einem dreisilbigen Worte: *nu húop sich ein swerénde leit* Urst. 128, 18. *der mǽr ir letwedérn verdroz* 118, 60.

c) Viersilbiges Wort (vgl. Benecke und L. Iwein. Anm. 6360):

swelher únsœligèr leides gért Urst. 123, 49.

d) Zweisilbige Wörter mit langer Wurzelsilbe setzen in zahlreichen Fällen diese Silbe im Ton zurück und zwar auf allen Hebungen:

sólhiu zéichen dér niemán Urst. 104, 37. ein zeichén er ín beschíet 104, 80. ím einém gevíel daz lôz 108, 50. gólt wîróuch unt mírrén 111, 13. án ángest wir entúon alsô 113, 31. alsò (h⁴) 115, 76. setzét 118, 2. immér (h³) 119, 23. alsò (h²) 119, 73. alsò (h⁴) 120, 54. dánne wárt nihtès vergézzen 121, 72. dés ich grôz angést gewán 125, 65. dér mich víl vroelîch enphie 126, 65. gevángen dén schalkháften wirt 127, 18. dén bekánd unsèr dehein 127, 42. von wánnen ér hetè getrágen 127, 47. schúof er ín dannòch genúoc Himm. 313. dâ ê niemàn deheíne vart Himm. 833. ê dírre tác hiutè zergẽ H. 263. daz gelóubt ich ím unt sprách alsùs 1043. daz er óuch unsèr geléite sî 1095. der héilig geist alsò begõz 1117.

In der Urstende sind ausserdem noch einige Eigennamen so gebraucht:

sprách Kayphàs der wîse Ur. 104, 49. si wízzen wól daz vón Sábá 111, 7. sine wǽren mít Jesù gewésen 113, 35. wer wǽren die? daz wás Addàs 120, 59. úmb Jesùm von Názaréth 122, 66. nu sprách Adàm wir súln iu báz 125, 15.

Auch in Betreff des Satztones erlaubt sich Konrad, aber nur hier und da, einige Freiheit: Erhöhung des Artikels über sein Substantivum. des Possessivums über das zugehörige Substantivum. Bei dem Artikel ist dabei zu bemerken, dass er in diesen Fällen noch eine gewisse Beziehung ausdrückt:

dô dáz wîp únt die zwẽne mán Himm. 691; 'die Frau, deren Du Dich noch wohl erinnerst'. diú nôt wás sîn eínes níht 673. sus hât dér strît éin ende únder ín 577; doch wohl besser zu lesen: sus hât der strît ein énde únder ín. dîn lop in dem hímel íst Ur. 107, 43. diu schrift úns daz léret 110, 42. wán daz die wîp fúnden ẽ 114, 18. sîn grab ér mich séhen líe 120, 26.

§ 3. VERSMITTE.
1. Der Auftakt.

Was den Auftakt betrifft, so kommt er ein-, zwei- und dreisilbig vor. Im Allgemeinen ist von Konrad die Regel beobachtet, dass im Auftakt kein schwereres Wort stehen darf, als die folgende Hebung ist. Die Hauptausnahmen hiervon sind bereits unter 'Wortbetonung' erwähnt. Es findet sich aber noch eine Anzahl dreisilbiger Auftakte, theils in Versen mit klingendem, theils in solchen mit stumpfem Ausgange.

Erstere lassen sich leicht wegschaffen, wenn man Verse mit 4 Hebungen und klingendem Ausgange annehmen will, auf welche Verse mit nur 3 Hebungen reimen. Es wäre demnach zu lesen:

wie ze Jerusálem wîlent wǽre Himm. 280. *unt dánnoch zwêne unsèr geséllen* 569. *geschéhe an úns unt únsern kínden* 707. *damite dû gebunden wǽre* 731. *mit sîner mioter hinvérte* 965.

Hier 977 allerdings auch der folgende Vers:

ir winkél er ín bekẽrte
  alsô berãte uns îemer mêre.

Urst. 107, 4: *zuo einer sûl unt niht erwinden* oder *z'einer sûl unt niht erwinden*.

Urst. 108, 14 kann man lesen:
mit rehtèr urteil verliesen. 113, 78: *unsèr deheiner tórst gefrãgen.* 121, 18: *hie mit einánder lében hieze.*

Dreisilbiger Auftakt findet sich in folgenden stumpf- reimenden Versen:

daz tæt ich gérne wóltest dú an ín Himm. 697.

Doch mit Apokope und Synkope auch:

daz tǽt ich gérn woltst dû an ín.
nâch iwern wórtén versûmet hábe H. 1058.
sô kumt er úns doch z'állen zîten für 1081.

In der Urstende:

daz si gewîgen álle únz er 109, 46. *ze Bethanîa unz án den vierden tác* 114, 56. *mit swelher réde ir in úzerwéget* 118, 1 *ich hân den Júden dén gewalt gegeben* 113, 5. *od aromátes námen le gewán* 126, 14.

Der dreisilbige Auftakt bezeichnet, wie bei den anderen mittelhochd. Dichtern in der Regel, so auch bei Konrad von Heimesfurt eine charakterisirendee Darstellung z. B. in dem Verse: *ich hân den Jûden dén gewált gegében* tritt die Ungeduld und Aergerlichkeit des Pilatus hervor. Nur mit Widerwillen hat er den Juden Christus zu tödten überlassen. Als jene dann aufs Neue kommen und ihn mit der Bitte bestürmen, das Grab Christi bewachen zu lassen, da sucht er mit obigen Worten so rasch als möglich Ruhe zu bekommen. In Himm. 1081: *sô kumt er úns doch z'állen zíten fúr* wird die ruhige, leidenschaftslose Gottergebenheit ausgedrückt, mit der die Apostel ohne Neid die Bevorzugung des Thomas sehen und darüber sprechen.

Innerhalb des Verses stehen dem Dichter mannigfache Mittel zu Gebote, den Regeln der Kunst nachzukommen; so zunächst

2. der Hiatus.

Unter Hiatus versteht man das erlaubte Zusammentreffen eines auslautenden und eines anlautenden Vokals im Verse. Die mittelhochd. Dichter haben keine gemeinsamen Regeln in Betreff der Anwendung des Hiatus. Jeder hat seinen eigenen Gebrauch. Bei Konrad v. H. finden wir etwa Folgendes: Hiatus wird nicht vermieden von Hebung zur Senkung und umgekehrt. Dagegen findet sich von Hebung zu Hebung nur ein Beispiel: *énpfiéngen sî ín* Himm. 991.

Am häufigsten kommt Hiatus vor zwischen der 2. Senkung und 3. Hebung; am seltensten von der 3. Senkung zur 4. Hebung.

Hiatus bilden:

1. Auslautendes *e* nach langer Silbe vor allen anderen Vokalen:

s^1: *h² unt ersóchte ír diu lít sô gár* Himm. 173; ferner: 186. 432. 605. 743. 826. 847. 1000. *geruóche iúwer triúwe pflégen* Urst. 118, 15. *komt sélbe óder sentet dár* Urst. 121, 21; ferner: 122, 2. 122, 18. 125, 24. 125, 83. 128, 15.

s^2: *h² dés entrúwe ích mich núo* Urst. 103, 3. *unt triutent réhte áls ir kínt* 105, 12. *der wás ein fúrste únder ín* 108, 20; ferner: 109, 83. 110, 25. 110, 35. 111, 64. 113,

3. 115, 26. 116, 38. 117, 71. 119, 35. 122, 68. 123, 29. 124, 42. 127, 37. 127, 38. In der Himm.: *daz snêwîze ěrenkléit* 250. *die sint mir beide únerkánt* 298; ferner: 352. 463. 476. 510. 542. 662. 747. 809. 862. 881. 999. 1061.

s^2: h^4 *unt dánnoch mêr dénne irz* Urst. 107, 52. *várt in ál der wérlde órt* Urst. 116, 67.

2. Auslautendes *e* nach kurzer Silbe. (Benecke u. L. Iwein 2943.) Nur wenige Beispiele.

spráchen jéne im versmắht Urst. 109, 27. *unt ze bischóve über duz lánt* H. 79; ferner Urst. 118, 1. 121, 47. 124, 41. H. 225. 915.

3. Partikel mit langem Vokal:

dâ, dô, sô, wie, zuo, bî, hie, wâ.

u: h^1: *sô éngestlîcher úngehábe* H. 177. *sô ér in vóllem schîne stât* H. 604. ferner: *dâ áller* 786. *dâ ě* 833. *dô ér* 844. 1119. *zuo únderst* Urst. 127. 20.

h^1: s^1: *dô er án dem kríuze erstárp* Himm. 125 und 1012. 1073. *wie er dén gevéste núo* H. 275. 1078. *dâ er vór der băre gât* H. 736. *unt dâ er hárte wól genás* Urst. 115, 22.

s^1: h^2: *rách dô ér sîn niene vánt* 108, 4. *vallèn dâ érz bereitet hât* 124, 76.

h^2: s^2: *sô kom er zûo ir in das hûs* H. 197. 399. 493. *dér ist hie unt dórt genésen* H. 925. *der hélle ab dô enzúcket wárt* 958. *hinábe zúo im lăzen* Urst. 109, 64.

s^2: h^3: *z'Arimáthiá dâ ich noch bín* Urst. 120, 30. *den ér ze hérrn dâ inne lie* H. 98. *dich einen ér zuo im gevíe* H. 525.

h^3: s^3: *unt stoérte mich sô ich gie* Urst. 110, 8; ferner: 111, 15. 112, 47. *daz gótes wórt nu wã er sách* H. 322.

4. Personalpronomina und Artikel ebenfalls an allen Stellen:

u: h^1: *die án der sêle wăren wúnt* Him. 103; ferner: 393. 586. 742. 864. 871. 962. *daz du im noch dír mácht gefrúmen* Urst. 108, 72. *die in* 115, 64.

h^1: s^1: *daz si diú en tiúsche dichten* H. 55. *dô sĩ ir kindes márter sách* H. 171. 251. 333. 338. 465. 496. 736. 936.

s^1: h^2: *dŏ sî în* Urst. 106, 42. *wie si ir missetāt* Urst. 117, 57. *zehánt si in erkánde* H. 330. *dā si únser* H. 410. h^2: s^2: *er wîste sî ir irtuoms ábe* H. 752. *Pétre dú erkénnst in wól* H. 1066. *under d' ougen si im spîten* Urst. 106, 18; ferner: Urst. 106, 77. 110, 81. 115, 64. s^2: h^3: *mit uns úf die álten ē* H. 271. *daz ich in vór iu állen sách* H. 1031. s^3: h^4: *si spráchen brúoder weist du iht* H. 402.

5. Einige andere Wörter: *du wríeest Jésu úndertăn* H. 693. *den sī ouch dáz für wăr geséit* Urst. 105, 18.

Stossen zwei Vokale zusammen, und es tritt kein Hiatus ein, so ist zweierlei möglich, entweder Schwächung des einen Vokals, oder völliger Verlust: Elision oder Ecthlipsis. Wird bei der Elision der auslautende Vokal vor dem nächstfolgenden anlautenden geschwächt, so tritt Synalöphe ein. Wird dagegen der anlautende Vokal von dem nächstvorhergehenden auslautenden stärker affizirt, so ist Synaeresis vorhanden.

Unter Apokope versteht man den völligen Verlust des auslautenden Vokals; unter Aphaeresis den Verlust des anlautenden Vokals.

3. Synalöphe.

Die Synalöphe ist sehr häufig. In gleichem Masse auf 1. und 2. Senkung, weniger auf der 3. Senkung. Auf der Hebung kommt Synalöphe nur zweimal der Regel gemäss, nach dreisilbigem Worte vor. Himm. 281 und 307 *wīssage Ábacúc.*

In allen Fällen ist die Synalöphe zwischen auslautendem *e* und anlautendem vollen Vokal oder *e*; denn auch wo 2 schwache *e* verschleift werden, ist Synalöphe anzunehmen. Nur vor dem persönlichen Pronomen *er* ist das auslautende *e* stärker und bewirkt Aphäresis.

Synalöphe zwischen 2 vollen Vokalen kommt nicht vor. Urst. 125, 74 ist zu lesen: *unt mir die müede ábe sleif.* Am häufigsten ist Synalöphe zwischen auslautendem *e* nach langer Silbe und anlautendem Vokal. Doch auch bei *e* nach kurzer Silbe ist sie nicht selten. Vor einem vollen

Worte ist Synalöphe nur Ur. 117, 68 *hûse Arámathi*; U. 125, 65 *grôze angèst*; Himm. 807 *hérre alwálténder*. Sonst findet sie nur statt vor den pronom. Formen: *ich, ir, iu, unser, uns, in, im;* vor den Partikeln: *als, alsô, an, in, ouch, unt, ûz;* vor *ein* und den Vorsilben *er- en-;* endlich auch vor *ist*.

Synalöphe zwischen auslautendem *e* und zwar nach kurzer Silbe und einem der angeführten Wörter findet sich nur: *mite ir* Himm. 188. *táge als* H. 443. *grábe ir* 783. *damite ich* 1065. *hábe ich* Ur. 103, 19. *núne ist* 115, 26. *grábe erstúnken* 107, 34. *hábe enzúcket* 122, 62. *grábe erkúcket* 122, 63.

Die Beispiele für Synalöphe auf 1. und 2. Senkung sind sehr zahlreich. Auf der 3. Senkung folgende: *úrsténde unt* Ur. 103, 63. *úmbe ein* 109, 55. *nérte ouch* 109, 75. *álle unz* 109, 46. *dénkénde ich* 125, 72. *wólte entságen* 105, 29. *wélle ernern* 121, 75. *götliche erschein* 120, 35. *ze húse enphie* 118, 39. *antwúrte im* Himm. 201. *sólte ergân* H. 340. *dánne ein grás* 350. *Paúle ervár* 372. *hérre enboten* 401. *hérre an mir* 463. *kriuze erstárp* 471. *birge ich mich* 774. *úmbe ein hár* 1025. *dánne ir sît* 1029.

Viel weniger zahlreich als die Synalöphe kommt vor die

4. Synaeresis.

Zwischen vollen Vokalen findet sich nur ein Beispiel: *von Társo unt vón Arábyá* Ur. 111, 8. (Über Fälle von möglicher Synärese auf der Hebung unter Aphäresis).

Im Übrigen kommen blos folgende Beispiele vor: *da en ist niht déhein párat bi* Ur. 121, 4. *vallèn da er éz bereitet hât* U. 124, 76. *nu ensûmde sich der éngel niht* Himm. 194. *nu ervár uns, trût geselle* H. 377. *nu ensûmden sich die hérren niht* 508. *do erschein in únser hérre gót* 442. *do entslúoc er sînes tódes sich* 705. *sô kom ér zuo ir in daz hûs* H. 196. *érn werd álso énpfangen* Ur. 123, 37.

Einen sehr ausgedehnten Gebrauch macht Konrad v. H. bei der Bildung seiner Verse von der Apokope, Synkope und theilweise auch von der Aphaeresis.

5. Apokope.

Apokope ist völliger Verlust des auslautenden Vokals vor dem anlautenden Vokale oder Konsonanten. Hierzu gehört noch die Apokope des vollen Vokals des Artikels verbunden mit Anlehnung an das folgende Wort. Abgesehen von diesem letzteren Falle ist in der mhd. Poesie der auslautende Vokal, welcher völlig unterdrückt werden kann, stets schwaches *e*.

1. Der Artikel verliert seinen Vokal und verbindet sich mit dem folgenden Worte: *d'ougen = diu ougen* Ur. 06, 18. *d'armen = die armen* Ur. 106, 23. *in d'ougen* 110, 37. *d'andern = die andern* 119, 15. *d'unser = diu unser* 122, 45. In der Himmelf. findet sich kein Beispiel.

2. Auslautendes *e* völlig verschwiegen vor anlautendem Vokal. Dieser Fall tritt nur bei zweisilbigen Wörtern ein, welche in der Senkung stehen (vgl. Lachmann zu Iwein, 866):

a) im Auftakt:

swenn ich Ur. 103, 10. *dick ér* 103, 64. *wolt ich* 105, 52. *wand er* 107, 59. *wær ér* 109, 25. *án ángest* 113, 31. *solt ich* Himm. 583. *án ángest* H. 888. *án libes únt án sêle nôt* Himm. 890.

b) auf 1. Senkung:

mir mín miete Ur. 104, 84. *ist dann áls* 121, 52. *ér werd álso* 123, 37. *ich seit dié gewissen mære* 124, 61. *dér án áller* 126, 19. *ir schîn án énde glîset* Himm. 620.

c) auf 2. Senkung:

si behiezen in dann râten Ur. 106, 11. *vór in gár án ángest wás* 115, 21. *néin er. sô wær ér noch hie* 113, 62. *des lêre ist án êre* Himm. 92. 446.

d) auf 3. Senkung:

únt wart siecher vil dann ê Ur. 126, 81.

Zur Apokope sind auch zu zählen die Fälle, wo die Partikel *ze* ihr *e* verliert und sich an das folgende Wort anlehnt: *z'einer* = *zuo einer* Ur. 107, 4. *z'ôren* 108, 45. *z'angesichte* 116, 85. *z'allen* Himm. 1081.

3. Auslautendes *e* abgeworfen vor anlautenden Konsonanten.

a) Abfall des *e* bei Partikeln, Adjectiven und Pronominibus und bei Substantiven:

dest min Himm. 90. *nâch bî* H. 151. *damit niht* 743. *schier dô bezzerte* Ur. 125, 77. *mær volendet* H. 1109. *sunn durch* H. 196. *stimm dar* 598. *meisterschaft jehen* Ur. 103, 30. *der werlt nuo* U. 105. 17. *sümelîch die* 105, 27. *richtær si* 106, 76. *genâd wie* 107, 33. *daz gericht hie* 109, 13. *die umbehang sich* 112, 21. *hérr wir* 112, 75. *die sêl von* 121, 26. *genuog sich* 121, 76. *unser schuld die wären* 127, 59. *lüg von* 127, 81. *zwâr wir* 113, 67. *dánn daz* 115, 53. *darinn du* 119, 69.

b) Abfall des auslautenden *e* bei Formen des Verbums: Praesens und bes. Praeteritum:

(ich) ziuh die H. 205. *ich wæn daz* Ur. 110, 81. *ich rât wir* 120, 63. 1. pers. pl. *sul wir* H. 283. 776. *rief wir* 706. *sâh wir* 1017. *wold wir* Ur. 106, 57. *mug wir* 110, 65. *tæt wir* 114, 22. *well wir* 121, 13. *sul wir* 122, 71.

vrâgt sie waz (vrâgte's waz) H. 199. *drüht dich* 555. *wolt nieman* 560 *müez von* 590. *dô seit man* 646. *wólt si hân* 665. *machet's alle* 759. *verendet sich* 764. *wær wol* 524. *wær du hin* 992. *begund si râtes* Ur. 104, 34. *sánt mîn* 105, 53. *wær verborn* statt der Verschleifung *wære verborn* Ur. 111, 53. *seit man in* 113, 54. *brâht si hin* 120, 69. *hiez* für *hieze* 123, 63. *seit mir daz* 125, 43. *unt wær gerne* 126, 26. *seit ér* 3. und 4. h. 127, 68.

Auffallend ist *kôm ouch jene schier* 106, 39 (wohl *kômen : kômn : kômm : kôm*). Apokope im Reime ist selten: *stet (stete) : gebet* Ur. 121, 17. *bracht : acht* (nach der Conjectur v. Bartsch) 119, 16. *mirt : birt* 126, 12. *zesamen* (für *zesamene*) *: namen* Himm. 367. 1094 : *lîchamen* H. 884.

Ein erst durch die mhd. Dichter angewandtes Mittel beim Versbau ist die

6. Synkope.

Unter Synkope versteht man das Verschweigen eines schwachen *e* der Flexion zwischen 2 Consonanten. Die gewöhnliche Sprache kennt die Synkope schon; aber nur nach kurzen Silben, die auf *l* oder *s* ausgehen. Die Verskunst bildet also nur etwas schon Vorhandenes weiter aus. Jeder der mhd. Dichter hat dabei seinen eigenen Gebrauch. Konrad v. H. wendet die Synkope ziemlich häufig an:

1. Verschweigung des *e* der Vorsilben *ge* und *be*:
gnâde Himm. 462. 721. 903. 1000. 1028. 1040. 1124. *gnædec* 906. *gnædeger* 1030. *gnædecliche* 1050. In der Urst. *gnâde* 127, 51. *gnâden* 127, 70. *gnædeclîchen* 121, 84. *gloubten wir* Himm. 1019. *gloubt* Ur. 118, 29. *glouben* 121, 42.

gwarheit Ur. 115, 20. *glîchen* 124, 48. *gnuoge* 105, 71. 115, 67. 122, 68. *gnuoc* 107, 29. *gleite* 127, 69. 128, 12. *bliben* 119, 15. *bliben* H. 135. *blibe (: schribe)* 112. *breitschaft* Ur. 121, 41.

2. Synkope in den Wörtern:
drumbe Ur. 107, 21. *undr der* 111, 48. Himm. 913. *dran* Ur. 117, 62. *drinne* 125, 2. Ferner: *engêlscher* Him. 1071. *israhêlsche*. 586.

3. Synkope des *e* der Flexion in den Wörtern:
irtuoms Himm. 752. *râts* Ur. 104, 50. *sîns* für *sînes* 109, 86. *dienst* für *dienest* 108, 8. *herrn* Himm. 98. Ur. 122, 21.

4. Synkope in Verbalformen:
wârn in Himm. 389. *sâhn si* 398. *wârn ab* Ur. 117, 21. *wârn behâft* 123, 64. *des wurdn die Jüden* 112, 72 (doch s. Bartsch G. VIII S. 323). *gebiet* für *gebietet* Himm. 118. Urst. 118, 83. *gesûmt* H. 311. *hilft* H 321. *geloubt* 1017. *du erkennst* 1066. *genist (geniset): bist* Ur. 106, 78. *genist* 109, 20. *lest: west* 107, 53. *kumt: gefrumt* 107, 57. *er kumt* 126, 47. *giht (gihet)* 107, 76. *giht: niht* 109, 9. 109, 24. 110, 40. 122, 70. *giht: siht* 122, 51. *schônt*

110, 41. *vlîzt (vlîzet)* 110, 49. *habt* 110, 78. 113, 65. *nemt* 114, 64. 116, 52. *wônt* 116, 44. *en list (liset): bist* 117, 74. *list (: ist)* 125, 4. *heizt* 121, 11. *siht : niht* 121, 16. *kost (kostet)* 124, 67. *vervâht (vervâhet) (: andâht)* 121, 30. *komnt* (für *koment*) 121, 49. *nâhten (nâheten): brâhten* 121, 58. *gâhten (gâheten) : brâhten* 111, 11. *versmâht (versmâhet) : brâht* 109, 27. *brâhte : gâhte* Himm. 458. *versmâhten : brâhten* 840. *wirt (wirdet) : swirt* Himm. 165. 1113. *gelân : vervân (vervâhen)* Himm. 725.

Wie die Apokope zur Synalöphe, so verhält sich zur Synäresis die Aphäresis.

7. Aphaeresis

ist Verlust des anlautenden Vokals bei einzelnen Formen der persönlichen Pronomina.

a) Geschlechtliches Pronomen *ez* nach Vokalen und Consonanten, *er* nach auslautendem *e*: *heilte'z* Ur. 105, 48. *beweinte'z* 105, 84. *dûhte'z* 107, 6. *ir'z* 115, 15. 121, 19. *alsô si'z* 119, 75. *versuoche'z* Himm. 15. *meinstu'z sô* H. 722. *wie'z* 766. 769. *si'z* 878. *du'z* 237. 857. *in'z* 314. *heten'z* Ur. 106, 50. *mir'z : ir'z* 107, 51. *er'z* 107, 54. 108, 41. *wie'z* 122, 64. *wæne'r* Himm. 5. *kunde'r* Him. 94. *vlize'r* 102. *machte'r* 104. *wirbellocke'r* 301. *erzeigte'r* 561. *swenne'r* 591. *erkihte'r* 1004. *hâte'r* 1049. *ôre'r* Ur. 105, 45. *kunde'r* 112, 71. *lande'r* 117, 17. *lôste'r* 123, 72.

b) Aphäresis bei andern Pronom. Formen: *gerou'n = gerou in* Urst. 105, 83 *die'n* 107, 19. *gie'ch = gie ich* 110, 1. *i'm = ich im* 126, 77. *er'm = er im* Himm. 748. *er'n = er in* Himm. 964.

Hier reihen sich noch einige Fälle anderer Art an, bei denen sich 2 benachbarte Wörter affiziren:

1. Der Artikel verschmilzt mit dem folgenden *ist* und *ich*: *der'st = der ist* Urst. 116, 71. *deich = daz ich* Himm. 415. *deist = daz ist* H. 423. (*Maria'st = Maria ist* H. 648.)

2. Inclination des Artikels an das vorhergehende Wort, wobei er seinen anlautenden Consonanten verliert:

zem = ze dem Urst. 105, 49. *zer = ze der* Urst. 106, 43. 120, 50. 124, 31. *zem* auch 106, 77. 125, 42. *irs =*

ir des 108, 73. *dus = du des* 110, 31. *sis = si des* 111, 23. *iuchs = iuch des* 115, 14. *bîm = bî dem* 125, 62. *am = an dem* H. 443. *mirs* 721. *vom* 678.

3. Anlehnung des Pronomen *si* an das vorhergehende Wort, wobei es seinen Vokal verliert. Dabei folgt in den meisten Fällen auf das Pronomen ein mit Vokal anlautendes Wort, so dass man möglicherweise auch Verschleifung (Synalöphe od. Synäresis) annehmen könnte. Dagegen spricht aber einmal, dass die Verschleifung auf der Hebung stattfinden müsste und dann Vers 117, 36 und V. 108, 42 der Urstende wo die Anlehnung ausgeführt ist:

108, 42 *unt stráft es úndr ir ougen.* 117, 36 *unt stráftens úndr ir óugen.*

Also ist zu lesen: *wies* im Urst. 104, 67. *daz s* in 105, 30. *diu ougens* im 106, 6. *drungens* in 111, 73. *zwicktens* in 117, 3. *kuóltens ir* 115, 16. *bâtens* in 119, 45. *brâhtens* in 121, 63. *von állen sǽlden sints vérspît* 128, 53. *blibens ungescheiden* Himm. 135. *wurdens under* 358. *dazs unsern* 393. *er fuortes an* 409. *er máchtes álle* 759. *dô gesâhens eine krône* 600. *unt fuorens in den lüften hin* 952. Anlehnung des Pronomens, ohne dass ein vokalisch anlautendes Wort folgt: *giengens* Urst. 105, 75. 117, 34. 114, 11. 117, 35. *sprachens* 115, 24. *kômens* 115, 57. *wurfens* 116, 7. *beleitets* (*si* Acc. f.) H 485.

4. Angleichung des anlautenden Consonanten des Pronomens an den auslautenden seines Verbum:

soltu Himm. 229. *bistu* H. 449. 1009. *verkêrestu* Urst. 104, 87. *hastu* 105, 1. 107, 46. *bistu* 125, 17. *muostu* 124, 34.

8. Verschleifung.

Verschleifung im engeren Sinne ist vorhanden, wenn man 2 kurze Silben, welche durch einen einfachen Consonanten getrennt sind, metrisch als eine einzige liest. In der 2. Silbe muss stets ein schwaches *e* sich befinden.

Bei Konrad v. H. ist die Verschleifung häufig. Sie findet sich auf allen Hebungen und Senkungen; doch so, dass die meisten Fälle auf 1., 2. u. 4. Hebung und auf 1.

u. 2. Senkung vorkommen. Auf der Hebung findet die Verschleifung nur in demselben Worte statt. Und zwar, was die 3 ersten Hebungen betrifft, zwischen allen Vokalen und den kurzen Umlauten *ö* und *ü* und dem von ihnen durch die Consonanten *b, d, g, t, m, n, h, s* und *w* getrennten schwachen *e*. Auf der Senkung verlieren schwächere Wörter mit einem vollen Vokal ihr *e* oder werden verkürzt. Nur: *oder* (gewöhnlich in den Ausgaben *od* geschrieben) Urst. 115, 43. 127, 48 u. Himm. 1080. *nider : nidr* Urstende 104, 22. Eigentliche Verschleifung darf in der Senkung nur zwischen zwei schwachen *e* vorkommen.

In der Urstende sind etwa 70 Fälle, wo Verschleifung auf der 1. Hebung stattfindet, in der Himmelfahrt etwa 18. Z. B.:

sehen Urst. 103, 12. *nemet* 104, 46. *haben* 106, 54. *maneger* 104, 28 und noch ungefähr 12mal. *himel* 116, 35. *aber* 117, 55. 119, 26. *muget* 123, 14. *leben* 126, 22. *rigel* 127, 16. *jeger* Himm. 1. *tugende* 158. *vröwet* 217. *vrowe* 261. *bestatet* 789. *sehe* 1083.

Auf der 2. Hebung tritt Verschleifung ein, in der Urst. etwa 46 mal, in der Himm. ungefähr 10 mal: *jagene* Him. 2. *frouwen* 148. *trehene* 174. *lewen* 304. *wider* 309. *frowe* 497. *künege* 866. *gemahele* 928. *degen* 940. *sage* 992. *vater* Urst. 119, 65. *Jüden* 121, 59. *lebendec* 124, 83. *edel* 118, 84. *siwerin* 111, 70. *komen* 111, 9 u. s.

Auf der 3. Hebung in der Urst. ungefähr 30 Fälle, in der Himm. gegen 8; z. B:

disen Urst. 103, 6. *koment* 104, 43. *biderbe* 108, 54. *schadet* 116, 54. *über* 124. 74. *gejägedes* Himm. 1. *maneger* 232. 240. *künege* 866. *degen* 990.

Bei der Verschleifung auf der Senkung können die betreffenden Silben auch verschiedenen Wörtern angehören. Bei Konrad v. H. ist die Verschleifung auf der Senkung in demselben Worte selten. Meist ist es die Silbe *ege*, welche verschleift wird *êwegem* Ur. 103, 61 auf *s'*. *zeinzegen* 106, 7. *heilegen* 124, 44. *heilege* 128, 6. (*eigene* 109, 43.)

Auf *s'*: *heilegen* 111, 33.

Auf *s'*: *heilege* 108, 32. *kreftegen* 110, 64. *heilegen* 122, 72. Himm. 67: *heilegen. gewaltegen* 969. *heilege* 45. 631. 855. *sæleger* 924. 1114. Dazu: *ete : lengete* Himm. 582. *niuwete* 971.

Verschleifung bei verschiedenen Wörtern zwischen auslautendem *e* und den Formen des Artikels mit *e*: *wande der* Ur. 107, 1. *würde der* 103, 43. *helfe der* Himm. 74. *alle des* 246. *möchte des* 711.

der sêle spîse, dez gótes wórt Himm. 100.

Ferner auslautendes *e* mit den Vorsilben *ge-*, *be-*, *ver-*, *ze-*: *wîze gewánt* H. 242 343. *hâte getworn* 284. *manne gevarn* 316. *welle geschehn* u. s. etwa 14 Beispiele auf allen Senkungen.

In der Urst.: *würde gevangen* 105, 24. *etelîche geschriben* 119, 14. *wæte beguzzen* 121, 82. *minne besworn* 122, 35.

gnâde begangen H. 463. *bâre begunde* 670. *mite bestreich* 757.

lihte vergát Himm. 9. *liute verhabent* 517. *vrowe verscheiden* 497.

rehte vernæme Ur. 109, 47. *eine vervar* 104, 55. *geburte verlorn* 108, 2. *gewelbe verspart* 113, 38.

alle zesamen Himm. 366.

Auslautendes *-en* und anlautendes *en-* und *er-*; ausl. *-er* und anl. *er-*: *gesellen enpfieng* H. 400. *schrangen entwer* Ur. 111, 73. *êweclichen enbirst* 124, 29. *nâhen entwichen* 103, 38. *swelhen er* 109, 68. *herren er* 122, 21. *werden erlôst* 116, 22. *brôten er* 107, 28. *schrangen er* 106, 35. *zeichen er* 104, 84. Auch auslautendes und anlautendes *er* werden verschleift: *muoter erwarp* Himm. 126. *niemer er-*

stürbe 893. *niemer erstirbet* Ur. 116, 14. Auslautendes *-es* und anlautendes *er-*: *gœhes ersturben* Himm. 767.

(Ueber Verschleifung auf 4. Hebung also im Reime S. daselbst.)

§ 4. VERSSCHLUSS.

Es bedarf nur derjenige Versschluss einer näheren Betrachtung, wo die letzte Hebung durch ein selbständiges, einsilbiges Wort gebildet wird. Vor einem solchen ist die geringste Freiheit gestattet. Zu unterscheiden ist auch, ob das einsilbige Wort auf letzter Hebung mit einem Consonanten oder einem Vokale beginnt.

1. Einsilbiges Wort mit Consonantanlaut:

In Betreff dieses Versschlusses hält sich Konrad v. H. genau an die Regel, dass die vorhergehende Senkung möglichst einsilbig sein muss, und dass etwaige Verschleifung oder Kürzung kaum gefühlt werden darf. In fast allen Fällen, wo einsilbiges, consonantisch anlautendes Wort die letzte Hebung bildet, ist die vorhergehende Senkung durch Flexionsformen mit schwachem *e* ausgefüllt.

Schwere Endungen nur:

álliu knie H. 1089. *álliu dinc* 810. *ieglíchiu kunst* 11. Von sonstigen schweren Wörtern und Ableitungssilben nur: *wárheit niht* Ur. 108, 64. *wárheit hán* 121, 38. *wárheit brách* 124, 9. *úrloup nám* H. 983. Auch Pronominalformen, der Artikel und Partikeln stehen in der Senkung. Synkope tritt ein in 4 silbigen praeteritis z. B.: *vergáhten sich* Himm. 470. *ernerte dich* 690. *bezzerte sich* Urst. 125, 77. *gesagte daz* 126, 77. Apokope nur: *unt wie* 103, 63. *unt wip* 108 12. Verschleifung nur bei *-ege*: *heilege geist* Ur. 108, 32. *heilegen man* 122, 72. Die gekürzte Dativendung der Adject. auf *eme : em* nur: *heilégem man*. Ur. 105, 49.

(Urst. 108, 35 ist vielleicht statt der harten Apokope *beháget wol* zu lesen *behágte wól*.)

2. Einsilbiges Wort mit Vocalanlaut auf letzter Hebung:

Hierüber handelt Lachmann zu Iwein Anm. 4098 und

7764. Nach den von ihm aufgestellten Regeln führe ich sämmtliche Beispiele aus Urst. und Himm. an:

a) Der letzten Hebung darf eine kurze Silbe nur dann vorausgehen, wenn diese mit einer Liquida schliesst:

α) auf *l* schliessend:
himel ist Ur. 107, 43. H. 219. 855. *wol an* Ur. 112, 51.

β) auf *n* schliessend:
entwichen ist Ur. 103, 38. *gelésen án* 103, 48. *kómen án* 104, 8. *gár an ín* 104, 40. *erkánden ín* 105, 71. *úrteil wan ín* 109, 14. *volleclichen án* 110, 59. *wáschen ábe* 110, 28. *nágelen án* 112, 3. *ín ein* 112, 64. *seit man ín* 113, 54. *erstánden ist* 113, 82. *suóchten in* 114, 7. *fúnden ê* 114, 17. *ieman iht* 114, 22. *vón in* 116, 73. *geschíden ist* 117, 5. *mánegen eit* 118, 27. *nieman án* 121, 20. *lâzen án* 122, 71. *kráft an im* 124, 11. *sénken in* 124, 35. *geschríben ist* 125, 5. *wâren ê* 125, 32. *gebúnden in* 127, 21. *erben eit* 128, 43.

In der Himm.: *álten ê* 46. 271. *kómen ábe* 178. 270. *lâzen in* 328. *vón ín* 440. *verscheiden ist* 497. *násen oúch* 517. *riefen án* 692. *dú an in* 696. *beslózzen ist* 808. *künegin ist* 863. *nœmen ábe* 879. *liezen ê* 939. *erkánden in* 1017. *geslágen ist* 1102.

γ) auf *r* schliessend:
ieglicher án 103, 28. *wider án* 105, 48. *wider in* 105, 51. *wér er ist* 105, 82. *einánder ist* 107, 56. *darán* 107, 82. 111, 17. *únder in* 108, 20. 112, 55. 118, 67. *álter án* 108, 55. *vinster án* 112, 27. *gewarheit dar án* 113, 51. *kóm er ûz* 115, 25. *wúnder ie* 115, 29. *kleider án* 116, 80. *insígel darán* 117, 63. *niht darán* 117, 72. *in der áht* 119, 17. *schein dar án* 119, 41. *vón der ê* 121, 39. *dár ín* 121, 64. *láster án* 124, 5. *wil dar in* 127, 4. In der Himm: *künd er iht* 94. *dén er ê* 272. *wider in* 291. *únder in* 413. 421. 577. 651. *niemer án* 714. *únser ê* 717. *réhter ê* 940. *váter ist* 944. *einánder án* 1075. *wir úns* 1091.

b) Der letzten einsilbigen, vokalisch anlautenden Hebung darf vorhergehen: *daz, mit, ez* und unverkürzte Wörter auf — *ec* — *es* — *et*:

dáz ér 105, 37. *dáz án* 114, 47. *mit ín* 115, 63. *vuór mit ín* 118, 30. *tét ez íe* 110, 52. *künftec ist* 123, 29. *gewándes an* 109, 86. *tôtiges îht* 116, 53. *verdámnet ist* 122, 67. *léset ír* 122, 82. In der Himm.: *im daz ér* 108. *dáz ér* 346. *hér mit ín* 265. *mit ír* 1004. *strîtec ist* 2. *bekleidet ist* 238.

c) Keine Beschränkung erleiden vor der letzten Hebung die langen Silben; mögen sie natura oder positione lang sein. (Als Positionslänge bewirkend ist auch *ch* im Auslaute anzusehen.) Die Beispiele sind nicht sehr zahlreich. In der Himmelfahrt: *wás ouch ié* 374. *selp nâch ir* 437. *dich ir* 550. *gên (gegen) in* 951. *wîlent ẽ* 45. *enpfieng ér* 400. *tuon ich* 722.

In der Urstende: *sprách ér* 116, 41. *tuót ouch ir* 116, 49. *wider dich án* 120, 57. *nâch in* 120, 63. *sprach ér* 126, 32. *daz ist ér* 104, 81. 125, 9. *láchent án* 105, 11. *úns ist* 117, 75. *tuon ich* 118, 83. *ein ei* 122, 6. *vient ẽ* 123, 21. *únt niht ẽ* 126, 47. *úns án* 127, 82.

d) Nur nach langer Silbe oder nach einer liquida darf vor einsilbigem, mit Vokal anlautendem Versschlusse Apokope des schliessenden Vokals eintreten:
vil dann ẽ Ur. 126, 81. *seit ér* 127, 68. Hierher gehören auch die Verkürzungen *als* und *unt* (Lachm. z. Iw. p. 545), deren Kürzung kaum gefühlt wird: *wær als ẽ* Ur. 115, 62. *muot als ẽ* 118, 5. *wîz als ein* 120, 10. *unt ẽ* 109, 29. *wẽ unt ách* 123, 45. Auch ist hierher gehörig *kum ich* Himm. 505.

e) Vorhergehen darf der letzten Hebung ein schwaches *e*, welches Hiatus macht: *dénne irz* Ur. 107, 52. *der wérlde órt* 116, 67. In der Himm. findet sich kein Beispiel.

Hiatus zwischen vollen Vokalen ist nur in der Himm. *weist du iht* 402. *enpfiéngen si ín* 991.

Eine Art Apokope Urst. 119, 45: *bâtens in*.

Synkope findet sich nur: *ánders iht* Ur. 126, 58 und H. 193. *Pétern án* H. 688. *irtuoms ábe* H. 752.

Ungenauigkeiten vor dem einsilbigen, vokalisch anlautenden Versschlusse finden sich:

dáz tet ér H. 97. *daz tet ich* Ur. 109, 74.
wáz ér Ur. 109, 47.
ob ér Ur. 111, 74.
órthab íst 123, 18.
wás ē 120, 22.
erbáldet ich 120, 16.
b a͡t er (: *vater*) 125, 41.

CAPITEL II.

ÜBER DEN REIM

Vom ersten Auftreten des Reimes als beabsichtigtes Bindemittel der Verse, also vom 9. Jahrh. ab, durch die ganze althochdeutsche Periode hindurch, ist er keinen bestimmten Gesetzen unterworfen. Erst gegen das Ende des 12. Jahrhunderts wird der Reim nach festen Regeln angewendet; vor allem wird die grösstmögliche Genauigkeit in der Uebereinstimmung der reimenden Vokale und Consonanten verlangt und angestrebt. Eine wichtige Veränderung im Princip des Reimes war schon mit dem 11. Jahrhundert theilweise durchgedrungen: Im althochd. reimten einfache Wörter, und von solchen kann ja zunächst nur die Rede sein, in der Weise, dass die reimenden Silben entweder die 4. Hebung oder die 3. u. 4. Hebung des Verses bildeten. So erhielt man die Grundeintheilung in einhebige und zweihebige Reime. Beide Arten heissen stumpf. Als dann die vollen tönenden Vokale der Flexionssilben sich durch höhere Betonung der Wurzelsilbe allmählich abschwächten, als sie zuletzt insgesammt zu schwachem *e* wurden, da waren diese Silben nicht mehr fähig eine Hebung zu bilden. Trotzdem sah man sich genöthigt, um das Princip der vier Hebungen im Verse, deren letzter keine Senkung folgen darf, nicht zu verletzen, öfters auch Wörter mit schwacher Endung als 2hebige Reime zu gebrauchen. Während dies aber nur in der volksthümlichen Poesie geschah, hatte die Poesie der Geistlichen, unter dem

Einflusse der Musik stehend, das Bewusstsein des Principe des altdeutschen Verses theilweise verloren und gebrauchte vom 11. Jahrhundert an den früher 2hebigen Reim nur als einhebigen, dem eine unbetonte Silbe nachfolgt. Dieser Reim wird als 'klingend' bezeichnet. Der klingende Reim drang dann nach und nach auch in die weltliche Dichtung ein und im 13. Jahrh. ist er in allgemeiner Geltung. So finden wir in der mhd. Dichtung nur 'stumpfe' und 'klingende' Reime. Der erstere einsilbig oder 2silbig verschleifbar, der letztere zweisilbig (erste Silbe lang, in der 2. Silbe schwaches e) oder dreisilbig (die beiden ersten Silben verschleifbar, die 3. mit schwachem e).

Wenden wir uns nun zum Reime Konrads v Heimesfurt.

Wie Konrad v. H. in dem Bau seiner Verse den besten Dichtern seiner Zeit folgt, so auch in der Anwendung des Reimes. Aber der Wortschatz, über den Konrad verfügt, ist nicht sehr gross. Dies zeigt sich deutlich in seinen Reimen. Fast die Hälfte derselben kehrt öfters wieder. So findet sich — um nur einige Beispiele anzuführen — der Reim *geschiht* : *niht* Himm. 13. 159. 507. 1010. Urst. 104, 47. 108, 64 113, 7. 116, 20. 116, 65. 118, 6. 119, 78. 120, 84. 124, 32.

sî : *bî* H. 27, 573. 859. Urst. 103, 17. 106, 80. 113, 9. 115, 53. 119, 55. 121, 37.

stat : *bat* H. 131. 151. 323. Ur. 115, 67. 117, 6.

site : *mite* H. 191. 287. 489. 911. 1067. Ur. 116, 31.

ist : *krist* H. 219. 497. 807. Ur. 107, 55. 117, 5. 122, 67. 123, 17. *wider* : *nider* H. 487. 665. 813. Urst. 106, 14. 106, 66. 120, 43.

genesen : *wesen* H. 525. 742. 925 Ur. 104. 61. 105, 62. 110, 16. 113, 35. *wolten solten* H. 981. 781. Ur. 113, 43. 114, 27 121, 69. *wolte* : *solte* H. 1053. Ur. 110, 46. 119, 8. 123, 20. 127, 48. *man* : *an* H. 713. 1075. In der Ur. elfmal: 104, 7. 105, 48. 111, 17. 112, 28. 112, 51. 116, 79. 117, 62. 119, 40. 121, 19. 122, 71. 127, 82. *kint* : *sint* in Ur. neunmal: 103, 23. 104. 5. 105, 12. 107, 37. 111, 32. 111, 47. 111, 57. 121, 9. 120, 51.

Ebenso erklärt es sich wohl, wenn wir besonders in der Urstende, um den Reim zu erhalten, eng zusammengehörende

Wörter, wie der unbestimmte Artikel, Präpositionen u. dgl.
von dem dazu gehörigen Substantiv, getrennt sehen. Auch
hier mögen einige Beispiele genügen. In der Him. nur 548:
er behielt dich also reinen
maget . . .
Urst. 112, 64: *wart gebunden in ein* (*stein*:)
harte tiuwer rêgewant.
112, 51: *er sprach nu schînet wol an*
disem sæligen man.
109, 59: *schiere hoert ich genuoc* (*truoc*:)
zeichen von im sagen.
109, 83: *unt dâchte swenne er dafür* (*tür*:)
gêt, so nimt des nieman war.
120, 30: *z' Aramathia dâ ich noch bin* (*hin*:)
gewesen iemer mêre.

Als gelehrter Geistlicher schiebt Konrad hier und da
lateinische Verse und lateinische Flexionsformen ein. Dadurch ist er genöthigt, solche (lateinische) Flexionssilben auf
(deutsche) Wurzel- oder Ableitungssilben zu reimen. Meist
sind es fremde Eigennamen, die so angewendet werden:
Kayfas : *was* Ur. 104, 29. 120, 33. 120, 70.
Judas : *was* Ur. 104, 70. 104, 85.
decuriô : *alsô* Ur. 112, 57. *decuriô* : *dô* Ur. 119, 2. *stat*
: *erat* 112, 34. *aloes* : *des* 112, 67. In der Himm.:
dâ : *Thomâ* 988.
Asiam : *nam* 147. *dâ* : *Laodicâ* 105.
dâ : *reginâ* 233. *dâ* : *canticâ* 640.
slâ : *epitalamiâ* 973.

(Andere Reime der Art sind unter den 'rührenden' und
'diphthongirten' Reimen angeführt.)

Was die Reime im Besonderen betrifft, so zerfallen
sie in:

1) stumpfe Reime. Diese sind weitaus in der Mehrzahl,
ungefähr zwei Drittel aller Reime und zwar:
    a) einsilbige Reime;
    b) zweisilbig verschleifte Reime. Diese letztern sind
bei Konrad ziemlich zahlreich. Ordnet man die verschleiften
Silben, so ergeben sich 21 verschiedene Fälle:

1. -abe. -ade. -age. -ame. -ate.
2. -ibe. -ide. -ige.   —   -ite.
3. -obe.   —   -oge. -ome. -ote.
4.   —   —   -uge. -ume.   —
5. -ebe. -ege. -eme. -ese. -ete. -ehe.

Davon sind die Fälle unter 1. und 5 am zahlreichsten. -ate kommt blos in der Himm. -uge und -oge nur in der Urstende vor.

2) klingende Reime. Diese stehen zwischen den stumpfen Reimen zerstreut, bald vereinzelt, bald mehrere hintereinander.

a) zweisilbige Reime;
b) dreisilbig verschleifte Reime. Von diesen jedoch nur folgende:

jugende : tugende Himm. 605.
rigele : insigele Ur. 113, 49. verrigelet : versigelet 119, 70.

Im Folgenden sollen alle Arten von Reimen, welche nicht einfache sind, angeführt werden und zuletzt der 'ungenaue' Reim, also:
1. rührende Reime; 2. Doppelreime; 3. erweiterte Reime; 4. Anhäufung des Reimes; 5. Binnenreime; 6. Diphthongirung und Schwächung; 7. ungenaue Reime.

(Im Allgemeinen ist dieser Darstellung zu Grunde gelegt: 'W. Grimm, zur Geschichte des Reimes' Abhandlung der Berliner Akad. 1850.)

1. Rührende Reime sind solche Reime, bei denen alle Buchstaben, Vokale und Consonanten, übereinstimmen.

Schon Otfried gebrauchet mit aller Freiheit den 'rührenden' Reim. Von Otfried bis zum 12. Jahrh. ist dieser Reim jedoch nur in beschränktem Maasse im Gebrauche. Im 13. Jahrh. bedienen sich zwar einzelne Dichter des 'rührenden' Reimes sehr selten; doch ist im Allgemeinen die Anwendung desselben so häufig, dass sich sichere, bestimmte Regeln aufstellen lassen.

Diese Regeln sind nach Grimm:
1. 'Der rührende Reim ist nur dann erlaubt, wenn die Reimwörter verschiedene Bedeutung haben. Gleiche Bedeutung

findet sich — aber selten — nur bei Pronominibus, Partikeln und Hilfsverben.'

2. 'Beim rührenden Reime kann das eine Reimwort, oder auch beide, zusammengesetzt sein mit einer Partikel, einem Substantivum oder einem Adjectivum.'

Konrad von Heimesfurt hat den rührenden Reim sowohl in der Urstende als in der Himmelfahrt häufig. Er beobachtet genau die angeführten Regeln.

Was die 1. Regel betrifft, dass gleiche Bedeutung der Reimwörter nur bei Partikeln Pronominibus und Hilfsverben vorkommen dürfe, so scheint es nach den Handschriften freilich, als habe Konrad sich unerlaubter Freiheiten bedient; denn in der Urstende steht:

110, 66: *geschehen* : *geschehen*.
118, 48: *gerten* : *gerten*.

Doch da das eine *geschehen* und eine *gerten* dem Sinne widerspricht, so setzt Hahn (Zu Urst. S. 147) richtiger:

110, 66: *gesehen* : *geschehen*.
118, 48: *gerten* : *gewerten*.

Von der Regel macht zwar keine Ausnahme H. 1053: *wolde* : *wolde*; aber auch dieses hat schon Grimm (a. a. O. S. 529) verbessert in *wolde* : *solde*.

Somit hat Konrad nur einmal einen rührenden Reim von gleicher Bedeutung Urst. 109, 46: *er* : *er*. Dabei ist aber eine Milderung bewirkt, dass das Pronomen sich auf zwei verschiedene Personen bezieht, auf Pilatus und dann auf den geheilten Gichtbrüchigen.

Die übrigen rührenden Reime mögen, der bequemern Uebersicht wegen, eingetheilt werden in solche mit:

1. einfachen Reimwörtern in verschiedener Bedeutung:

ê (Partik.) : *ê* (Subst.) Himm. 45. 271. 939. In der Urst. findet sich dieser Reim nicht, obwohl ihn Pfeiffer in H. Z. VIII. S. 159 beiden Gedichten zuschreibt. Ebenso schreibt er beiden Gedichten die Reime *wâren* : *wâren* und *sehen* : *sehen* zu. Das letztere kommt jedoch weder in der Himm. noch in der Urst. vor, *wâren* (Adj.) : *wâren* (Verb.) nur Himm. 53. Hierher ist auch zu rechnen *tuo* (Verb.) : *duo* Himm. 565. In der Urst. finden sich:

geloubet (belaubt) : *geloubet* 108, 52.
wæte (Verb.) : *wæte* (Subst.) 126, 70.
wirt (Subst.) : *wirt* (Verb.) 127, 15.
alter (Alter) : *alter* (Altar) 127, 84.
sit (Verb.) : *sit* (Subst.) : *sit* (Part.) 128, 48.

Dieser rührende Reim ist aber in der Mitte der 14 gleichen Reime am Schlusse des Gedichts und wurde daher wohl nicht recht gefühlt. (Grimm a. a. O. 522.) Ein ähnlicher Fall, wo ein rührender Reim von 2 nicht rührenden Wörtern eingeschlossen ist, findet sich:

Urst. 105, 34. *wer* : *her* (Subst.) : *her* (P.) : *er*. In der Himm. finden sich davon keine Beispiele.

2. Rührende Reime mit zusammengesetzten Reimwörtern, und zwar:

a) Zusammensetzung mit *-lich, -liche* und *-lichen*.

Davon kommen in der Himm. 2, in der Urst. 4 Beispiele vor:

gelich : *lich* (Leichnam) H. 513.
gelich : *untoetlich* H. 825.
ungloublich : *gelich* U. 114, 31.
gezogenliche : *wærliche* U. 119, 42.
gelichen (Verb.) : *jæmerlichen* U. 124, 48.
erbærmeclichen : *genædeclichen* U. 121, 83.

In dem letzten dieser rührenden Reime gehören nur die Silbe *-clichen*, nicht aber die vorhergehende Silbe zum Reime. Dies kommt nur vereinzelt bei Dichtern vor und ist eigentlich nicht zu billigen (S. Grimm a. a. O. S. 541).

Für *gelich* : *untoetelich* H. 825 will Grimm S. 536 lesen *gelich* : *untoetelich*. Er hielt diesen rühr. Reim auf *-lich*, statt *-lich* wie in der Urst., für einen Beweis gegen die Annahme Pfeiffers, dass Urst. und Himm. von einem Verfasser seien. Da aber der Reim H. 513 *gelich* : *lich* verlangt, so ist wohl auch 825 zu lesen: *gelich* : *untoetlich*.

b) Zusammensetzung mit *-heit*. Diesen rührenden Reim vermeiden die Dichter ersten Ranges mit Ausnahme Konrads v. Würzburg. Konrad v. Heimesfurt gebraucht ihn einmal und zwar so, dass das eine -*heit* mit dem anstossenden wurzelhaften *ch* zu -*cheit* verschmilzt:

gotheit : menscheit H. 845.

c) Zusammensetzung mit Substantiven, Partikeln und Adjektiven.

Zusammensetzungen mit Substantiven kommen in der Himm. dreimal vor *rât : kuonrât* H. 19. *herberge : berge* H. 149. *zwelfboten : geboten* H. 67, wenn man *zwelfboten* als Compositum gelten lässt. (Grimm S. 547.) In der Urstende finden sich keine derartigen Zusammensetzungen.

Zusammensetzungen mit Adjektiven fehlen in beiden Gedichten.

Zahlreich dagegen sind die Zusammensetzungen mit Partikeln: meist sind es Verba, welche durch die Partikel eine Bedeutung erhalten, die von dem einfachen Reimwort sie unterscheidet.

verneme : neme H. 33.
gehiez : hiez H. 443.
bestaten : gestaten H. 649.
nam : vernam Urst. 103, 61.
vert : ervert U. 121, 45.
verborn : geborn U. 111, 53.
welt : erwelt U. 119, 48 u. 123, 13.
gevangen : enphangen U. 123, 37.

Nicht beide Reimwörter sind Verba:
enboten : boten (Subst.) H. 67. Ebenso:
boten : geboten U. 118, 18.
belibe : libe (Subst.) H. 865.
wîse : bewîse (ersteres Adject.) U. 104, 41.
gewant (Subst.) *: want* U. 114, 9 u. 120, 27.
wære : gewære (Adj.) Ur. 118, 28.

Gompert (a. a. O. S. 33) führt als rührenden Reim an Ur. 104, 41: *Rômære : mære*. Dies ist jedoch zweifelhaft, da zu trennen ist: *Rôm-ære*. Nicht rührend sind (S. Bartsch Germ. VIII S. 314) die Reime (Gompert S. 27): *einez : deheinez* H. 61. *einer : deheiner* H. 985. *volendet : gelendet* H. 1109. Es ist nämlich zu sprechen: *de-heinez, de-heiner* und *vol-endet*.

Endlich sind noch anzuführen eine Anzahl rührender Reime, bei welchen fremde Wörter und Eigennamen mit ihren Endungen auf Partikeln und (einmal) auf *des* reimen:
Golgathâ : *dâ* U. 112, 1.
proselites : *des* U. 111, 43.
sô : *Ephesô* H. 320.
dô : *Egyptô* H. 579.

Nachzutragen ist noch, dass Gompert den rührenden Reim U. 110, 36 *vertreip* : *treip* umwandelt in *zetreip* : *reip*. Statt U. 111, 69: *winkelsehen* : *sehen* liest Bartsch (Germ. VIII S. 317) *winkelsehen* : *schehen*. Urst. 127, 6 steht *schehen* : *winkelsehen*. Hier passt die Bedeutung von *schehen* 'rennen', 'durcheinanderlaufen'; weniger ist dies der Fall Urst. 111, 69. Ausserdem ist der rührende Reim durch den Unterschied der Bedeutung der Reimwörter hinlänglich motivirt: 111, 69 heisst nämlich *winkelsehen* 'die Augen verdrehen' oder 'die Augen rollen' (127, 6 'sich nach einem Verstecke umsehen'), unter *fiwerîn ougen sehen* ist das durch den Zorn hervorgerufene 'Glühen der Augen' zu verstehen.

2. Wir kommen zu derjenigen Art von Reimen, welche Grimm 'Doppelreime' nennt.

In der Urstende sowohl, als in der Himmelfahrt werden die Doppelreime häufig angewendet. Auffallender Weise erwähnt Grimm in der Besprechung dieses Reimes die Urstende gar nicht, trotzdem darin der Reim 21mal vorkommt. Aus der Himmelfahrt wird nur angeführt: *tougenlich* : *ich mich* H. 773. *kâmen* : *âmen âmen* 1129 und *vröiden hoeret* : *vröide stoeret* 417. Im Ganzen steht der Doppelreim in der Himmelfahrt achtmal.

Ein Doppelreim ist vorhanden: 1) wenn in einer von zwei Reimzeilen dem Endreim ein auf ihn reimendes Wort vorausgeht, 2) wenn in beiden Reimzeilen dem Endreim ein oder mehrere Wörter vorhergehen, welche ebenfalls unter sich reimen, 3) wenn in beiden Endreimen die gleichen Ableitungssilben und die Wurzelsilben reimen. In letzterem Falle entspricht der Doppelreim dem Otfried zweihebigen Reime.

Eine 4. Art (Grimm S. 599), wo nur in einer Zeile 2

Wörter den Reim bilden, kommt bei Konrad v. Heimesfurt nicht vor.

Wie bei allen Dichtern, welche den Doppelreim anwenden, so bildet auch bei Konrad v. H. in den meisten Fällen das erste Reimwort der ersten Zeile mit dem entsprechenden der zweiten Zeile einen rührenden Reim. Dieser rührende Reim wurde aber dadurch, dass er von den Endreimen durchkreuzt war, kaum gefühlt, und so durfte er sehr oft aus — im Princip unerlaubten — Wörtern von gleicher Bedeutung bestehen. Bei den meisten Doppelreimen besteht der erste Theil aus Partikeln, Pronominibus und Hilfsverben; nur einmal kommt die Ableitungssilbe *-lichen* und zweimal kommen Substantive vor.

1. Nur in der 2. Reimzeile Doppelreim:
tougenlich : ich mich H. 773. *kâmen : âmen âmen* H. 1129. *niht : niht ensiht* Urst. 115. 77.

2. In beiden Reimzeilen Doppelreime:
a) rührende Reime:
unde trût : unde brût H. 615. *in riet : in schiet* H. 791. Urst. 116, 37. *was din gotheit : was din menscheit* H. 845. *vröiden hoeret : vröide stoeret* H. 417. *durch got : durch spot* Ur. 114, 1. *lasterlîchen schamen : goetlîchen namen* Ur. 120, 47. *uns geniezen : uns entsliezen* U. 122, 58. *unt betrisen : unde disen* U. 123, 69. *hie dolt : hie solt* U. 124, 68. *angerihte : angesihte* U. 117, 34. *man ir niht : man sie siht* U. 121, 15. *an einer stet : an ir gebet* U. 121, 7. *von der ê : von Moysê* 121, 39. Vielleicht auch *si gebâten : si mêre tâten* 122, 3.

b) ohne rührende Reime:
mine wege : sîner pflege H. 1049. *niht geschehen : iht gesehen* U. 114, 35. *habe enzucket : grabe enkucket* 122, 61. *wer benomen : der her komen* 123, 79. *her vert : er behert* U. 124, 86. *er gesunt : der stunt* 125, 48. *mich gesprach : ich ensach* U. 126, 56.

Wenn Konrad einmal eine natura lange Silbe auf eine positione lange reimt, so gehört noch hierher:
sêle zeigtest : helle neigtest U. 124, 30.

3. Wurzel- und Ableitungssilbenreimen:
Dieser Fall nur einmal:
driváltic : gewáltic H. 905.

Als erweiterte Reime, welche hierher gehörten, führt Gompert a. a. O. p. 30 noch, oder vielmehr blos, an *vröiwe dich : vröiden sich* H. 217 und *welnt die : welnt sie* H. 647. Ersterer kann als weniger genauer Doppelreim gelten; für letzteren aber schreibt Pfeiffer: *went die : wellent sie.*

An die angeführten Doppelreime, die man auch einfach 'erweiterte' Reime nennt, oder, wenn sie aus mehr als zwei reimenden Silben bestehen, als 'suchende' Reime bezeichnet, sind anzureihen die zahlreichen Fälle sowohl in der Urstende als in der Himmelfahrt, wo die Endreime mit untrennbaren Partikeln, die nie betont werden, versehen sind.

Grimm (a. a. O. S. 600—616 stellt nämlich als eine Abart der Doppelreime diejenigen Reime auf, bei denen 'der Gleichklang sich in einem Worte ausdehnt und gleichsam zurückwächst'. Er nennt solche Reime

3. erweiterte Reime; und dabei unterscheidet er vier Fälle:

1. Endreime mit untrennbaren Partikeln (Vorsilben *ge-*, *be-* und dgl.)
2. Endreime mit der Vorsilbe *un-*.
3. Endreime mit der Partikel *durch-*.
4. Endreime, die aus einem einzigen mehrsilbigen Worte bestehen. Die reimenden Silben müssen aber dabei schwere Vokale enthalten.

Vielleicht dürfte aber diese ganze Classe der erweiterten Reime mit den Doppelreimen zusammenfallen, wenigstens was Abth. 2—4 betrifft. Den 4. Fall habe ich ohne Bedenken als Doppelreim angeführt. (S. oben.) Bei dem 2. und 3. Fall könnte man insofern zweifeln, als die Partikeln *un-* und *durch-* sehr oft in der Senkung stehen; allein in in Fällen wie H. 1037:

diu síte wás durchstóchen
unt mit nágeln dúrchbróchen,

wird man doch immer den 'doppelten' Reim fühlen. Nur eine Art von Erweiterung bilden allerdings die immer unbetonten Partikeln der Endreime. Das häufige Vorkommen dieser Art Reime, besonders seit dem 13. Jahrh. erklärt sich wohl am einfachsten aus dem Bestreben, die Verse so zu bilden, dass Hebung mit Senkung regelmässig abwechselt. Auch die bedeutende Anzahl solcher Reime bei Konrad v. H. ist auf diese Weise erklärlich. In der Urstende findet sich diese Art Reime 58mal, in der Himmelfahrt 18mal:

1. Erweiterung vermittelst derselben Partikeln: *ge-, er-, en-, be-, ver-* in beiden Reimzeilen.

ge- : *ge-* kommt in beiden Gedichten vor:
gebreiten : geleiten H. 37. *gebreitet : geleitet* U. 117, 38. *gesant : gewant* H. 343. *gewant : gebrant* U. 112, 65. *gesetzet : geletzet* H. 309. *gesehen : geschehen* H. 347. Ur. 110, 67. 113. 71. 114. 75. 118, 56. 120, 10. 126, 28.
gekroenet : geschoenet H. 613. *geêret : gemêret* H. 897. *gesluoc : genuoc* U. 107, 5. *geschach : gesach* U. 105, 38. *gereit : geleit* 108, 16. *gezickte : geblickte* U. 109, 68. *gebogen : gezogen* U. 110, 5. *genesen : gewesen* U. 110, 16. *geschæhe : gesæhe* 110, 34. *geschoenen : gehoenen* 110, 48. *gelâgen : gefrâgen* 113, 77. Weitere Fälle sind: Urstende 114, 77. 114, 79. 117, 38. 118, 10. 118, 56. 118, 72. 119, 22. 119, 24. 122, 33. 124, 50. 124, 72. 127, 38. 128, 39. 128, 51.

er- : *er-* in der H. allein:
erstarp : erwarp 125. 471. *ersturben : erwurben* 767.

en- : *en-* in der Ur. allein:
enphliehen : enziehen 115, 13.

be- : *be-* in der Ur. allein:
betoubet : beroubet 115, 79. *beliben : beriben* 126, 72.

ver- : *ver-* in der U. allein:
verligen : verswigen 103, 51. *verkôs : verlôs* 111, 25. *verstoln : verholn* 113, 63. *verkurt : verlurt* 115, 9. *verkêret : verwêret* 115, 27. *verrigelet : versigelet* 119, 70.

2. Erweiterung durch ungleiche Partikeln: *zer-* : *ze-, er-* : *ver-, be-* : *ge-, ze-* : *ge-*.

zer- : *ze-* nur in der H.:
zersant : zehant 365.

er- : *ver-* in beiden Gedichten:
ersterben : *verderben* H. 207. *erstürbe* : *verdürbe* H. 893.
verworht : *unervorht* U. 107, 73. *ervindet* : *verswindet* 125, 8.
be- : *ge-* in beiden Gedichten:
bestaten : *gestaten* H. 649. *beströut* : *gevröut* H. 681.
bereit : *geseit* H. 745. U. 105, 18. *geleitet* : *bereitet* H. 997.
geschriben : *beliben* U. 104, 3. *geloubet* : *beroubet* U. 104, 25.
bevant : *geschant* 104, 31. *betrogen* : *gezogen* U. 108, 10.
110, 62. Weitere Fälle: U. 110, 78. 111, 11. 112, 61. 113, 23. 125. 50. 127, 78.
ze- : *ge-* in beiden Gedichten:
zestunt : *gesunt* H. 759. *zehant* : *gewant* U. 114, 73.

4. Anhäufung der Reime. Die Anhäufung der Reime ist in unstrophischen Gedichten bis zum 13. Jahrhundert selten. Der Gebrauch davon erfordert auch eine grosse Kunstfertigkeit und Geläufigkeit in der Bildung der Reime, und deswegen mag derselbe so beschränkt sein.

In der frühesten Zeit kommt der 'gehäufte' Reim nur am Schlusse der Gedichte oder grösserer Abschnitte vor, fast gar nicht in der Mitte.

Konrad v. H. wendet ihn nur am Schlusse seiner Gedichte und einmal in der Mitte an. Er hat aber dabei rührende Reime eingeschoben, ja selbst ungenaue Reime.

Ur. 105, 4 ein vierfacher Reim: *wer : her : her : er.*
Am Schluss der Urst. ein vierzehnfacher Reim, dabei einen ungenauer und drei rührende Reime:

Ur. 128, 40—54: *zît : gît : eît : strît : ergît : lît : wît : sît : sît : sît : gespît : geschrît : verspît : gît.*

Am Schluss der Himm. ein zwölffacher Reim, darunter ein ungenauer und ein, allerdings weit auseinanderstehender rührender Reim:

H. 1117—1128: *begôz : entslôz : erkôs : lôz : vlôz : grôz : genôz : verdrôz : klôz : dôz : genôz : schôz.*

Nicht weniger selten als der 'gehäufte' Reim, findet sich bei Konrad der

5. Binnenreim. Binnenreim ist vorhanden, wenn in einem Verse zwei Wörter aufeinander reimen, welche nicht unmittelbar neben einanderstehen (Schlagreim), sondern durch

ein oder mehrere andere Wörter getrennt sind. Bei Konrad v. H. kommt dieser Reim nur an den Stellen vor, wo Konrad in auffallender Weise Gotfried v. Strassburg nachahmt:
vröide bernde vröide U. 122, 47.
wünne bernde wünne H. 920.
wan leit mit leide ergetzet
sô leit solch leit setzet H. 161.

Es erübrigt noch die Betrachtung der 'ungenauen' Reime, welche sich in der Urst. und Himm. finden.

Vorher müssen jedoch noch zwei Arten von Reimen erwähnt werden, welche man zwar nicht geradezu als 'ungenaue' bezeichnen kann, die aber auch nicht unter die bisher behandelten Reime eingereiht werden konnten. Die eine Art dieser Reime ist entstanden durch Diphthongirung des Vokals des einen Reimwortes, die andere durch Schwächung des Vokals im Reime.

6ᵃ. Diphthongirung kommt in der Himm. fünfmal vor, in der Urst. sechsmal:
zuo : nuo H. 167. *tuo : nuo* H. 801 und U. 112, 53. 125, 16: *tuon : suon*. *lieht : nieht* U. 106, 22. 110, 22. 123, 59 u. H. 633.
lieht : gesieht H. 655. *nuo : duo* H. 1021.

Die Diphthongirung U. 104, 87 *nuo : hastuo* und 105, 16 *duo : nuo* ist nicht durch das Streben nach genauen Reimen hervorgerufen.

6ᵇ. Schwächung des Vokals im Reime lässt Konrad dreimal eintreten:

Zweimal wird das Pron. *in* geschwächt zu *en* und mit dem vorhergehenden Worte zu einem stumpfen Reim verschleift; einmal verliert das Geschl. Pron. *er* seinen Ton und wird ebenfalls verschleift.

geschriren : wir en (wir in) U. 116, 40.
en magen (mag in) : getragen H. 539.
vater : bat er U. 125, 40.

Der rührende Reim U. 109, 46: *unz er : waz er* wird von Bartsch (Germ. VIII S. 317) beseitigt durch die verbesserte Lesung:

daz sie geswígen únz dázzer
rêhté vernáme wázzer.

Gegen die so bewirkte Schwächung (s. Lachmann z. Iwein 2112, 4. Fall) liesse sich nur einwenden, dass die Verse bei klingendem Ausgange doch 4 Hebungen erhielten.

7. Der ungenaue Reim besteht darin, dass die Reimwörter entweder bei gleichem Vokal ungleiche Consonanten, oder bei ungleichem Vokal gleiche Consonanten enthalten. Je mehr die Verskunst sich vervollkommnete, desto seltener wurde der ungenaue Reim. Im 13. Jahrh. erscheint er nur noch hier und da, ganz vereinzelt. Konrad v. H. hat eigentlich nur einen wirklich ungenauen Reim in der Himmelfahrt V. 1111 *stade : klage*.

Bartsch (a. a. O.) beseitigt diesen Reim, indem er statt *klage* setzt *schade*.

Die anderen Reime bei Konrad, welche nur bei subtiler Strenge ungenau sind, sind folgende: *erkôs : loz* H. 1119. *irretuom : Nikodêmum* U. 110, 56. *erschein : heim* U. 111, 15. 120, 35. *sun : tuum* 128, 1. *eit : strît* 128, 43. Davon sind *irretuom : Nicodêmum* und *sun : tuum* alterthümliche Reime (latein. Flexionssilbe reimt auf deutsche Ableitungs- und Wurzelsilbe.) Sie werden mit Recht entschuldigt mit der Unmöglichkeit im Deutschen ein passendes Reimwort auf *um* zu finden. Ueber *schein : heim* ist zu bemerken, dass *n* oft mit *m* wechselt, und dass somit in der Aussprache dieses Reims kaum eine Ungenauigkeit gefühlt wurde. *erkôs : lôz* steht unter 11 Reimen mit gleichem Vokal und Consonanten. Die Ungenauigkeit bemerkt man bloss in der Schrift; in der Aussprache sind die Consonanten *s* und *z* gleich. Was endlich *eit* betrifft, welches sich unter 13 Reimen auf *ît* befindet, so fällt auch diese Ungenauigkeit weg, wenn man *eit* als überschlagend auf den 128, 39 stehenden Reim *geseit : geleit* reimen lassen will. Freilich geschieht dies nicht ohne einen gewissen Zwang, da mit Vers 128, 41 Konrads Schlussreflexion beginnt.

3. THEIL.

VERHÄLTNISS DER 'HIMMELFAHRT MARIAE'.

von Konrad v. H. zu ihrer Quelle.

Nachdem Konrad von Heimesfurt im Eingange seiner Himmelf. Mariae (V. 1—44) das Bild eines Mannes, welcher, ohne eigentliche Kenntnisse von der Jagdkunst, blos durch Beharrlichkeit im Verfolgen das Wild ereilt, auf sich angewendet und weiter ausgeführt hat, dass er, der von den Künsten der Welt und den Mitteln sich bei den Menschen beliebt zu machen wenig verstehe, im Vertrauen, dass Gott seinen guten Willen so hoch anrechnen werde, als das Vollbringen selbst, sich doch an die Dichtkunst gewagt habe, so stellt er (V. 44—118) sein Thema auf und gibt die Quelle, aus der er schöpfte, näher an.

Die hl. Schrift, sagt er, sei aus dem Hebräischen zunächst ins Griechische und daraus dann ins Lateinische übertragen worden. Aus der letzteren Sprache nun sei von den Dichtern zum Nutzen und Frommen derjenigen, welche nicht selbst in den hl. Büchern lesen könnten, manche schöne Legende in deutsche Verse gebracht worden. Auch er wolle diesen Vorgängern folgen und eine liebliche Erzählung *von unser frouwen hinvart* aus dem Lateinischen ins Deutsche übertragen. Sein Gewährsmann sei dabei kein geringerer als der fromme Bischof Melito (Milto) von Sardes (Sardonia).

Als nämlich die hl. Apostel sich in die Welt zerstreut hätten, um das Evangelium überall zu verkünden, da sei

Johannes nach Asien gekommen. Hier habe er unter anderen Bisthümern auch eines zu Sardes errichtet und zu dessen Bischof einen frommen Mann, Namens Melito, eingesetzt. An diesen Melito hätten sich einst die geistlichen Herren von Laodicea mit der Bitte gewendet um Aufschluss über die letzten Schicksale der hl. Jungfrau. Melito habe ihnen darauf Alles, was er aus dem Munde des hl. Johannes selbst über Maria erfahren habe, mitgetheilt. Eben diesen Bericht, sagt Konrad v. H., wolle er in deutsche Verse bringen.'

Es ist eine lateinische Erzählung 'de transitu Mariae virginis liber' erhalten, deren Verfasser sich Melito, Bischof von Sardes, nennt und sich auf Johannes beruft. Diese Quelle findet sich abgedruckt in Const. Tischendorf's 'Apocalypses apocryphae' (Leipzig 1866) pag. 124—136. Ausserdem sind aber noch zwei andere lateinische Erzählungen über denselben Gegenstand erhalten, mehr oder weniger von einander abweichend.

Aus der Vorrede bei Tischendorf pag. XXXIV—XLVI ergibt sich in Betreff jener lateinischen Erzählungen Folgendes: Die Legende von dem Tode und der Himmelfahrt Mariae bildete sich schon in den ersten Jahrhunderten des Christenthums aus und zwar im Oriente; etwa im 4. Jahrh. oder noch früher. Aus dem Griechischen fand die Legende rasch Verbreitung. Sie wurde übersetzt ins Syrische, Koptische, Arabische und vor Allem ins Lateinische. Alle diese neuen Ausgaben wichen mehr oder weniger von einander ab; alle aber bewahrten den griechischen Kern als Grundlage. Namentlich im Lateinischen erlaubte man sich grosse Freiheit in der Behandlung des gegebenen Stoffes. Jene oben angeführten drei lateinischen Erzählungen zeigen dies deutlich. Tischendorf stellt zwei von ihnen als 'transitus Mariae A' und 'trans. Mariae B' nebeneinander; ihnen gegenüber die dritte, welche er im Auszuge aus einem codex Ambrosianus abdruckt, Vorr. S. XLIII—XLVI. Transitus Mariae A ist aus drei codices geschöpft; transitus M. B aus zwei, von denen der eine, aus der bibliotheca max. vet. patrum, einzelne Abweichungen, oder vielmehr Zusätze, enthält. Dieser letztere

codex ist es auch, der vor seinem 1. Kapitel die Aufschrift
führt: 'Sancti Melitonis, episcopi Sardensis, de transitu virginis
Mariae liber'. (Tischendorf gibt die Abweichung dieses Codex, die er mit 'MB' bezeichnet, unter dem Texte an.)

Aus den lateinischen Bearbeitungen der Mariae Himmelfahrt schöpften die deutschen Dichter des 13. Jahrhunderts;
zunächst der Dichter des Passionale und Konrad von Heimesfurt. Für die Quelle von des Letzteren Mariae Himmelfahrt
erklärt Tischendorf (a. a. O. Vor. XXXVIII) den transitus Mar.
B. Eine nähere Vergleichung mit dieser Quelle ergibt aber
doch einige nicht unerhebliche Abweichungen; Abweichungen,
die sich theilweise im trans. A und im Codex Ambros.
wiederfinden. Es ist daher nöthig zur Vergleichung der einzelnen Abschnitte der Himmelfahrt alle drei lateinischen
Texte herbeizuziehen.

'Bevor Christus, so beginnt Konrad seine Erzählung,
am Kreuze seinen Geist aufgab, empfahl er seine Mutter der
Pflege seines Lieblingsjüngers Johannes. Dieser kam dem
Auftrage des Herrn getreulich nach, bis die Zeit herankam,
dass die Apostel sich zur Verkündigung des Evangeliums
in alle Welt zerstreuen sollten. Vor seiner Abreise gab Johannes seine Pflegebefohlene in die Obhut eines wackeren
Mannes, welcher auf dem Berge Sion wohnte. Dort lebte
Maria einsam, nur ihrem Schmerze und der Erinnerung an
ihren Sohn sich hingebend.' (So Himmelf. V. 119—181.)

Trans. Mar. B erzählt dasselbe in den wenigen Zeilen
des Cap. I pag. 125. Doch ist sofort eine Abweichung von
der Darstellung Konrads zu bemerken. T. M. B. p. 125
Zeile 5: et dum apostoli — sumpsissent, ipsa (Maria) in domo
parentum illius (Joh.) juxta montem Oliveti consedit. Konrad
sagt V. 147 ff.:

> *Jôhannes fuor in Âsîam.*
> *unser frowen er doch ê nam;*
> *er gewan ir herberge*
> *ze Siôn ûf dem berge —*
> *nâch bî Jerusalem der stat.*
> *den wirt er vlîzeclîchen bat*
> *daz er ir guot warnæme* etc.

Also nicht wie T. B angibt bei den Eltern des Johannes, sondern bei einem fremden Manne, nicht auf dem Oelberge sondern auf dem Berge Sion lässt Konrad Maria nach der Abreise des Johannes leben. Es muss somit Konrad noch eine andere Quelle vorgelegen haben, welche seine Angaben enthielt. Nun findet sich im Codex Ambros. (Tischendorf Vorr. XLIII Z. 26): — ex quodam libello apogrypho, qui Johanni evangelistae adscribitur, edocemur: — virgo beata et mater nostra in domo juxta montem Sion posita dicitur remansisse. Vielleicht hatte Konrad diese apokryphe Quelle vor sich; denn ohne Grund wird er wohl schwerlich eine bestimmte Namens- oder Ortsangabe verändert haben.

Himmelf. V. 181—279: 'Zwei Jahre waren so vergangen; da erschien Maria als sie eines Tages wieder sich ihrem Schmerze ganz hingab und ihren Thränen freien Lauf liess, der Engel Gabriel. Als dieser nach dem Grunde ihrer Trauer fragt, erklärt ihm Maria, die Erinnerung an das erduldete Leiden, Sehnsucht nach ihrem Sohne und Furcht vor dem Hasse der Juden lasse sie nicht wieder fröhlich werden. Da verkündet ihr der Engel das Ende ihrer Prüfung; in drei Tagen werde sie zur höchsten Seligkeit gelangen, und er schildert ihr, wie sie als Himmelskönigin ewig mit ihrem Sohne herrschen werde. Zum Zeichen der Wahrheit seiner Botschaft übergibt er einen Palmenzweig und ein weisses Gewand; der Palmzweig solle ihr die Versicherung sein, dass der böse Feind ihrer Seele nichts werde anhaben können. Der Zweig solle auch vor der Bahre hergetragen werden, wenn man Maria zur letzten Ruhe begleite. Bei der Erwähnung der Bahre erinnert sich Maria plötzlich, dass sie ja allein in der Welt stehe, dass Niemand ihr die letzte Ehre erweisen werde. *O wê*, ruft sie schmerzlich aus,

> *wer sol mich begraben*
> *oder wer treit mich dar?*
> *werdent min die Jüden gewar*
> *si erzeigent mir ir alten haz!*

Nachdem der Engel auch diese Befürchtung und Sorge mit der Versicherung aufgehoben hat, dass alle Apostel und dazu noch der vor Kurzem in den eifrigsten Jünger des Herrn umgewandelte Paulus kommen würden, verlässt er Maria wieder und verschwindet.'

Vergleichen wir diesen Abschnitt mit den lateinischen Quellen, so ergibt sich, dass Konrad das dort in aller Kürze Zusammengedrängte in dialogischer Form weiter ausgeführt hat, dass er mit feinem Sinne den Engel seine Botschaft ausrichten lässt, so dass jeder Theil derselben einen Kummer, eine Besorgniss Marias zerstreut. Wenn in tr. B Cap. II S. 125 Maria den Engel um seinen Segen bittet zum Schutze gegen den bösen Feind, so hat Konrad mit richtigem Gefühl diese Stelle ganz weggelassen und mit den Worten des Engels, dass die Palme den Frieden gegenüber den Nachstellungen des Teufels bedeute, eine Befürchtung Marias in dieser Hinsicht gar nicht aufkommen lassen. Codex Ambros. stimmt mit tr. B ziemlich überein; tr. A gibt blos die einfache Botschaft an. (S. a. a. O. S. 114. 15.)

Wenn in keiner der 3 latein. Erzählungen der Name des Engels genannt wird, wenn alle den Engel nur einen Palmzweig, nicht auch ein weisses Kleid überbringen lassen, so mag das wohl einfach von Konrad hinzugefügt worden sein.

Schon etwas grössere Abweichungen finden wir in dem folgenden Abschnitte: Himmelf. V. 280—440: 'Wie einst ein Engel den Propheten Habacuc von Jerusalem nach Babylon zu Daniel in die Löwengrube mit Windeseile geführt und wieder zurückgebracht hat, so ergriff den hl. Johannes zu Ephesus ein Engel und versetzte ihn vor die Thüre der Wohnung Marias. Freudig empfing diese den Jünger und theilte ihm, indem sie ihm den Palmzweig und das Gewand zeigte, die Botschaft des Engels mit. Die Palme verbreitete lieblichen Schein, wie der Morgenstern vor Anbruch des Tages. Während Maria und Johannes sich ihres Wiedersehens freuen, treffen die übrigen Apostel vor dem Hause zusammen. Voll Erstaunen, dass Keiner den Grund des Zusammentreffens weiss, wenden sie sich an Paulus mit der Bitte, zum Herrn zu beten, dass er ihnen Aufschluss ertheile. Paulus erklärt sich seiner Sünden wegen für unwürdig dazu. Da werfen sich alle Apostel zum Gebet nieder. Eben sind sie damit zu Ende, da tritt Johannes zu ihnen und, nachdem er sie begrüsst, theilt er ihnen mit, dass sie hier versammelt worden seien, um Maria die letzte Ehre zu erweisen. Darauf führte Johannes sie zu Maria. Mit grosser Freude begrüssen sie sich gegenseitig. Plötzlich erscheint der Herr in ihrer Mitte und bittet seine Jünger, zwei Tage bei Maria zu bleiben; am dritten Tage werde er kommen, um sie zu sich zu holen.'

Trans. B lässt (p. 126), nachdem der Engel Maria wieder verlassen hat, diese mit der Palme auf den Oelberg gehen und beten. Dies fehlt bei Konrad; auch die andern Quellen haben dies nicht. Konrad lässt den Johannes, und wahrscheinlich auch die übrigen Apostel, von einem Engel durch die Lüfte getragen werden. Die Erzählung von Habacuc schickt er voraus. (V. 279—316.) Trans. B dagegen erzählt (Cap. III p. 126): Et ecce subito, dum praedicaret sanctus Johannes in Epheso, die dominica, hora diei tertia, terrae motus factus est magnus, et nubes elevavit eum et suscepit eum ab oculis omnium, et adduxit eum ante ostium domus, ubi erat Maria. Auf dieselbe Weise geht das Wunder vor sich in trans. A pag. 115 und fast mit denselben Worten wie tr. B, Codex Ambros. (Vorr. XLIV). Die weitere Ausführung des Vergleiches mit Habacuc lag nahe. Konrad ist aber wohl auch durch seine Vorlage darauf geführt worden. Codex Ambros. (Vorr. XLIV Z. 12 v. u.) sagt der Engel zu Maria in Betreff der Ankunft der Apostel: 'nam qui Babylonem olim prophetam de Iudaea crine attulit, subito ipse procul dubio ad te apostolos adducere poterit in momento.' Möglicherweise war der Vergleich in dem libello apocrypho, worauf sich Codex Ambros. beruft, enthalten; und dieses lag Konrad vor.

In trans. B (p. 127 Z. 1) spricht Maria ihre Besorgniss vor den Juden Johannes gegenüber auf folgende Weise aus: 'audivi consilia Judaeorum dicentium: Expectemus diem quando morietur illa, quae portavit illum seductorem, et corpus ejus igni comburemus.' Ganz dieselben Worte stehen Codex Ambros. (Vor. XLV Z. 6): audivi enim Judaeos inisse consilium dicentes: Expectemus, viri fratres, quoadusque illa, quae Jhesum portavit subeat mortem, et corpus ejus continuo rapiemus ac injectum ignibus comburemus.

Sollte diese auffallende Uebereinstimmung beider Stellen nicht vermuthen lassen, dass sie aus gemeinsamer Quelle stammen? Konrad hat diese Worte nicht; aber sie zeigen uns, dass ein gewisser Zusammenhang besteht zwischen trans. A und Codex Ambros.

In der 'Himmelfahrt' wird der Palmzweig, den Maria Johannes zeigt, geschildert und sein Glanz mit dem des Morgensterns verglichen. In tr. B wird von demselben nur gesagt — und zwar an der Stelle, wo der Engel seine Botschaft ausrichtet: 'palma autem fulgebat nimia luce.' An derselben Stelle heisst es Codex Ambros.: 'Palma autem illa nimia claritate splendebat; aber es folgt noch: 'erat quidem virgae viriditatis consimilis, sed folia illius ut stella matutina fulgebant'. Konrad hat also wahrscheinlich die Stelle, welche er in seiner Vorlage fand, nur versetzt.

Die ganze Scene von dem Zusammentreffen der Apostel fehlt in trs. B; von Paulus ist nirgends die Rede. Doch in dem Codex MB (S. 127 Anm. IV d. a. a. O.) heisst es: Advenit autem cum iis Paulus — — Petrus Paulum hortaretur ut prior oraret ad dominum, ut ostenderet illis causam ipsorum.

Paulus entschuldigt sich: nam ego minimus sum omnium vestrum etc. Konrad kann also diese Stelle aus 'MB' oder, noch wahrscheinlicher, aus der Quelle desselben entnommen haben. Eine Abweichung, welche in keinem der vorhandenen latein. Texte sich findet, ist folgende: Konrad lässt den Herrn selbst den Aposteln erscheinen und sie bitten, bis zum dritten Tage bei Maria zu bleiben. In trans. B und A (im Codex Ambros. fehlt die Stelle) ist es Maria selbst, welche die Apostel bittet, bei ihr zu bleiben und unter Gebeten die Ankunft des Herrn zu erwarten. Es ist nun wohl kaum anzunehmen, dass Konrad eine besondere Erscheinung des Herrn eingefügt habe, ohne dieselbe in seiner Vorlage gefunden zu haben.

In der Himmelfahrt folgt nun (V. 441—519) der Tod Marias: 'Am dritten Tage erscheint der Herr, und zwar allein, gekleidet in ein gleiches Gewand wie Maria und fordert diese auf ihm ohne Angst in sein Reich zu folgen:

mîn erweltiu, kum zuo mir:
mîn trôn ist mit dir
gezieret wol —

Maria wirft sich vor ihm nieder und bittet für ihre Seele um Schutz gegen die Nachstellungen des bösen Feindes. Christus erwidert ihr, die Macht des Satans sei durch ihn gebrochen; auch werde ihre Seele von Michael, dem Fürsten der Engel, zum Himmel geleitet werden; ruhig möge sie den Tod erwarten, der schmerzlos für sie sein werde. Hierauf geht Maria zu ihrem Bette und stirbt. Ehe der Herr in den Himmel zurückkehrt, trägt er seinen Jüngern auf, Maria zu begraben, zwei Nächte zu bewachen und seine Wiederkunft zu erwarten.'

Diese Stelle ist noch etwas ausführlicher im trans. B (Cap. VI, VII, VIII) behandelt. Die Abweichungen bestehen darin, dass in trans. B Christus mit einer grossen Schaar von Engeln und selbst verklärt erscheint; dass Petrus speciell den Auftrag erhält, für die Bestattung Marias zu sorgen; dass die Seele Marias in Gegenwart der Apostel dem Engel Michael übergeben wird. In trans. A wird dies noch weiter ausgeschmückt.

Ich glaube, Konrad folgt hier nicht trans. B, sondern dem schon mehrfach erwähnten 'libello apocrypho' des Codex Ambros. Dort nämlich (s. Vorr. p. XLV) heisst es mit bes. Berufung auf jenes libellum, dass Christus zu Maria sagt: 'Veni electa mea, et ponam te in thronum meum'. Konrad lässt Christus sprechen (V. 447 f.):

mîn erweltiu kum zuo mir
mîn trôn ist mit dir
gezieret wol —

Diese Uebereinstimmung kann unmöglich zufällig sein. Die Worte, mit denen Christus Maria des Schutzes gegen den Satan versichert, stimmen im Allgemeinen wieder mit trans. B überein.

Vers 510—793 der Himmelfahrt werden das Begräbniss

Marias und die Vorgänge bei demselben mit grosser Ausführlichkeit und Lebhaftigkeit geschildert.

'Die Apostel bereiten sich, den Leichnam Marias zu bestatten. Aber wenn andere Menschen mit dem Tode sich verändern, wenn sie bald anfangen in Verwesung überzugehen, so ist Maria im Tode völlig unverändert, ja mit verklärten Zügen liegt sie da, und himmlischer Wohlgeruch entströmt ihrem Leibe. Als der Leichenzug sich in Bewegung setzen soll, ist man im Zweifel, wer die Palme vorantrage. Paulus, der zunächst dazu aufgefordert wird, erklärt sich für unwürdig dazu; ebenso Petrus. Letzterer hält den Johannes allein für würdig: diesem habe der Herr ja die Obhut Marias übertragen; diesen habe er sündenlos und rein bewahrt und ihn stets vor allen Uebrigen ausgezeichnet. Petrus fährt dann fort: er selbst mit Paulus und noch zwei anderen Aposteln wolle die Bahre tragen; die Uebrigen sollten nachfolgen. Unter der Anstimmung des Psalmen: in exitu Israhel de Egypto bricht man auf. Vor der Thüre mischt sich in ihren Gesang der Gesang himmlischer Stimmen. Zugleich wird die Bahre mit einem hellen Glanze verklärt: wie der Lichtschein, der sich um den Vollmond legt; von selbst schwebt er, mit überirdischem Lichte erfüllt er Alles. Von dem Gesang und dem strahlenden Scheine wird die ganze Stadt in Aufregung gebracht. Als die Juden erfahren, die Jünger wollten die Leiche Marias bestatten, stürmen sie, an ihrer Spitze der 'Bischof' heran. Kaum aber berührt der Hohepriester die Bahre, so bleiben seine Hände daran haften, und zugleich wird das Volk mit der fallenden Sucht geschlagen, dass rings das Feld mit Kranken bedeckt ist. Vergebens bemüht sich der Hohepriester von der Bahre loszukommen. Endlich ruft er den Petrus um Erbarmen an. Petrus möge sich erinnern, wie er auch von ihm geschützt worden sei, als man ihn der Gemeinschaft mit Jesu bezichtet habe. Petrus ist gerne bereit zu helfen, wenn der Hohepriester an Christum glauben wolle. Da erklärt dieser, er erkenne die Macht Christi wohl an; nur verblendet, wie er und die anderen Juden seien, habe er gegen die Wahrheit gekämpft. Er sehe wohl, der Fluch, den die Juden bei der Verurtheilung Christi auf ihre Häupter herabgerufen, gehe jetzt in Erfüllung. Auf die Belehrung des Petrus, dass wahre Reue und der Glaube an Christum alle Sünden austilge, gibt der Hohepriester seine tiefe Reue kund und wird von der Bahre befreit. Hierauf nimmt er die Palme und berührt alle Juden, die an Christum glauben wollen, damit, und alsbald weicht die Krankheit von ihnen. Nur fünf bleiben verstockt, und ein jäher Tod rafft sie dahin.

Auf die Kunde von diesen Vorgängen verbreitet sich grosser Schrecken in der Stadt. Die Apostel aber setzen unter Lobgesängen ihren Weg fort und bestatten Maria. Darauf halten sie Grabeswacht bis zum dritten Tage.'

Dieser ganze Abschnitt könnte aus trans. B entnommen zu sein scheinen. (Vgl. tr. B a. a. O. p. 130—134.) Manche Stellen stimmen wörtlich überein.

Die Stelle, wo Petrus begründet, dass Johannes allein würdig sei, die Palme zu tragen, lautet im trans. B p. 132 Z. 2: Petrus respondit: Tu (Joh.) solus ex nobis virgo es electus a domino, et tantam gratiam invenisti, ut super pectus ejus recumberes; et ipse dum pro salute nostra in crucis stipite penderet' hanc (Mariam) tibi ore proprio commendavit.

Konrad sagt V. 548 ff.
er behielt dich alsô reinen
maget. dâzuo bevalch er dir
sîne muoter maget unt dich ir.

— — unt druht dich an die brust sîn,
dô wart diu grôze liebe schîn etc.

Ferner trans. B (S. 131 Z. 8): posthac Petrus coepit cantare et dicere: Exiit Israel de Egypto. Konrad V. 579: *und sungen alle dô 'in exitu Israhel de Egypto'.*

V. 597 ff.: *si begunden hoehen ir gesang.*
der engel stimme darunter klanc
in manegem süezem dône.
do gesâhen si eine krône
ob der bâre, diu was klâr;
die gelîchet daz buoch für wâr
dem kreize der umb den mâne gât,
sô er in vollem schîne stât.

Ist trans. B das 'buoch'? Dort (p. 131 Cap. XI) heisst es: Apparuit nubes super feretrum valde sicut apparere solet magnus circulus juxta splendorem lunae; et angelorum exercitus erat in nubibus canticum suavitatis emittens, et resonabat terra a sonitu dulcedinis magnae.

Uebereinstimmt ferner die Frage der Juden, was da vor sich gehe, und die Antwort, die sie erhalten:

V. 646 f. *dô seite man in, dâ wæren komen*
Jêsus junger. 'waz went die?'
'Marjâ ist tôt: die wellent sie
mit grôzen êren bestaten.'

Trans. B (S. 131 Z. XI): Quis est sonitus iste tantae suavitatis? Tunc stetit unus qui diceret illis: Maria exiit de corpore, et discipuli Jesu circa eam laudes dicunt. Auch die Heilung des Hohenpriesters stimmt theilweise wörtlich mit trans. B überein (S. 132 ff. XII—XV). Auch dass nur fünf Juden verstockt bleiben, berichtet trans. B.

Doch es zeigen sich auch mancherlei Abweichungen. In trans. B wird bei der Frage, wer die Palme tragen soll, Paulus gar nicht erwähnt. Petrus wendet sich sofort an Johannes. Nun finden wir aber, dass Codex MB (a. a. O. S. 131 Anm. zu XI, 2) Paulus zu Petrus sagt: et ego, qui junior sum omnium vestrum, portabo tecum. Es ist also nicht unwahrscheinlich, dass in der Quelle, die MB zu Grunde lag, der Vorgang so dargestellt war, wie Konrad ihn geschildert hat. Die wichtigste Abweichung ist folgende: trans. B (S. 132. 9) sagt: Angeli vero, qui erant in nubibus percusserunt populum caecitate. Konrad V. 678 ff.:

manger von dem wilden fiure bran.
ir brach diu vallende suht
harte vil mit ungenuht.
daz velt mit siechen lac beströut.

Es ist kaum anzunehmen, dass Konrad, wenn ihm trans. B vorlag, die bestimmte Angabe, dass das Volk mit Blindheit geschlagen worden sei, verändert habe. Sicher hat seine Quelle gesagt, dass die 'fallende Sucht' die Strafe war, welche das Volk traf.

Die Himmelfahrt erzählt V. 793—910 weiter: 'Zwei Nächte und zwei Tage dauerte die Wacht am Grabe Marias. Am dritten Morgen erscheint der Herr 'allein' und fragt seine Jünger, was er mit seiner Mutter nun beginnen solle? Alle schweigen. Da erhebt sich Petrus und spricht: Sie dürften sich eigentlich gar nicht erkühnen ihm, dem Herrn des Himmels und der Erde, einen Rat zu ertheilen. Auch wisse er ja selbst schon die Gedanken der Menschen im Voraus. Solle er aber doch seine Meinung äussern, so scheine es ihm der Güte Gottes angemessen, dass der Leib derjenigen, welche die Menschwerdung des Erlösers vermittelt habe, nicht der Verwesung anheim falle, sondern vereint mit der Seele auf dem Throne des Himmels sitze und herrsche in Ewigkeit. Daher möge der Herr geruhen, den Leib Marias vom Tode wieder zu erwecken. Das, was Petrus gesprochen, gefiel Christus. Er lässt die Apostel den Stein vom Grabe wegnehmen und erweckt Maria wieder zum Leben und verkündet ihr, dass sie von nun an mit Leib und Seele mit ihm im Himmel vereinigt sein werde. Maria sagt darauf dem Herrn Dank für seine Gnade.' — Bis dahin hat Konrad seine Erzählung noch nicht durch irgend eine Betrachtung unterbrochen. Bei der Wiedererweckung Marias fällt ihm aber ein, dass die Kirche es liebt, das Verhältniss Christi zu seiner Mutter unter dem Bilde von Braut und Bräutigam den Gläubigen darzustellen. So kommt es, dass Konrad V. 910 bis 936 eine kleine Abschweifung über die Gott wohlgefällige Ehe einschiebt. — V. 937—978 wird dann erzählt, wie Maria zum Himmel emporsteigt: 'Die Himmel öffnen sich, Schaaren der Engel kommen der Königin der Seligen entgegen und empfangen sie mit Lobgesängen. Der Weg geht an der Hölle vorüber. Die Pforten derselben werden, wie einst bei der Himmelfahrt Christi, aufs Neue gesprengt; viele Seelen werden erlöst und vermehren den Triumphzug zum Himmel.'

Konrads Darstellung weicht von trans. B. und Codex Ambros. bedeutend ab. In trans. B. (pag. 134—136) wird einmal gar nicht erwähnt, wie lange die Wacht am Grabe Marias dauerte. Der Herr erscheint plötzlich und von einer grossen Schaar von Engeln umgeben. Die Reden Christi und des Petrus sind ferner ganz verschieden von denen in der Erzählung Konrads. Den Stein wälzen nicht die Apostel vom Grabe, sondern der Engel Michael thut es. Dieser ist es auch, welcher die Seele Marias zum Leibe zurückführt. Die Befreiung vieler Seelen aus der Hölle fehlt ganz. Dagegen nimmt der Herr noch förmlichen Abschied von seinen Aposteln, ehe er den Engeln in den Himmel nachfolgt. Am Schlusse wird erzählt, dass die Apostel in die Wolken erhoben und an den Ort ihrer Lehrthätigkeit zurückversetzt werden. Codex Ambros. (Vorr. pag. XLVI) stimmt mit trans. B. überein.

Wir sehen: entweder müssen wir annehmen, dass Konrad den besprochenen Theil seiner Erzählung frei ausgeführt hat, oder, was das Wahrscheinlichere ist, dass ihm dabei eine andere Quelle als trans. B. und Cod. Ambros. vorgelegen hat. Trans. A bietet durchaus keinen Anhaltspunkt. (Vgl. a. a. O. pag. 119.)

Mit Vers 978 scheint Konrad seine Erzählung ursprünglich beendigt zu haben. Er schliesst mit den Worten:

als er die armen dô beriet,
alsô berâte uns iemer mêre
durch sîner muoter êre.

Da ihm dann sein Gedicht wohl etwas zu kurz schien, so fügte er die Episode von dem zu späten Eintreffen des Thomas hinzu. (V. 978—1096.) Dass dem so sei, geht daraus hervor, dass er früher von dem Fehlen des Thomas gar nichts erwähnt; im Gegentheil V. 361 ff. wird erzählt:

dô gesamten sich ûzerhalp dâfür
die zwelf nôtgestallen
von den landen allen
dâ si wâren zersant.
si kâmen zehant
für daz hûs alle zesammen.

Trans. B erwähnt nichts von Thomas. Dagegen führt trans. A die Episode von Thomas weitläufig aus. Nach tr. A aber sind die Apostel gar nicht Zeugen von der Himmelfahrt

Mariae. Nur Thomas sieht dieselbe, und aus seinem Munde erst erfahren die Apostel das Geschehene.

Konrad hat seine Erzählung vom Zuspätekommen des Thomas dem ganzen Gedichte mit Geschick angepasst: 'Als die Apostel, nachdem Maria eben in den Himmel aufgenommen worden ist, den Thomas herankommen sehen, eilen sie ihm entgegen, erzählen ihm das Geschehene und machen ihm mit Bedauern Vorwürfe darüber, dass er doch immer zu spät komme. Ruhig hört Thomas die Vorwürfe an; dann erzählt er, wie er durch die Gnade Gottes, trotz seiner späten Ankunft, Maria habe in den Himmel fahren sehen. Die Wahrheit seiner Aussage beweist er durch den Gürtel, mit dem Petrus Maria umgürtet, und den ihm diese bei ihrer Himmelfahrt zugeworfen hatte. Voll freudigen Erstaunens preisen die Apostel die Gnade und Güte des Herrn. Darauf wird jeder in das Land zurückversetzt, aus dem er hergekommen war.' Den Schluss seines Gedichtes macht Konrad mit einem Bittgebete an Maria: 'dass sie Fürbitte bei Gott einlegen möge, auf dass wir alle dereinst mit den Seligen im Himmel vereinigt werden.'

Fassen wir das Resultat unserer Darstellung zusammen, so ergibt sich Folgendes: Die Erzählung Konrads v. H. zeigt mit der lateinischen Erzählung, die Tischendorf 'transitus Mariae B' nennt, grosse, an einzelnen Stellen auffallende Uebereinstimmung. Die Abweichungen sind aber auch nicht unerheblich. Die wichtigsten von diesen finden sich in der, von Tischendorf in der Vorrede als codex Ambrosianus abgedruckten, lateinischen Darstellung der Himmelfahrt Mariä und zwar gerade an den Stellen, wo diese sich auf ein älteres apocryphes Buch beruft. Gestützt auf einige wörtlich übereinstimmende Sätze kann man ferner annehmen, dass tr. B auf eben jenem libello apocrypho, welches codex Ambros. erwähnt, als seiner Quelle beruht. Nehmen wir noch an, dass der Verfasser jenes apocryphen Buchs, welcher als seinen Gewährsmann den hl. Johannes angibt, sich Melito, Bischof von Sardes nannte, so können wir unbedenklich behaupten: jenes apocryphe Buch, und kein anderes, hat der Himmelfahrt Mariae Konrads v. H. von V. 119—979 vorgelegen.

Die Episode von Thomas (V. 980—1096) ist aus einer anderen Quelle geschöpft; vielleicht derselben, welche transitus Mariae A (Tischendorf a. a. O. pag. 113—124) zum Grunde lag, vielleicht aus einer unbekannten Vorlage, welche mit der Darstellung Konrads v. H. mehr übereinstimmte.

Konrad von Heimesfurt hat seine Quelle mit Geschick zu einem Gedichte verarbeitet, welches durch die einfache, naive Darstellung, durch die reine, höfische Sprache und durch die vollendete metrische Form einen werthvollen Beitrag liefert zu der geistlichen Dichtung des 13. Jahrhunderts.